ブックレット《アジアを学ぼう》57

下田 誠

中国文明を読む

国家形成をめぐる協奏

風響社

表紙：執父辛簋(泉屋博古館所蔵)

裏表紙：父癸爵(泉屋博古館所蔵)

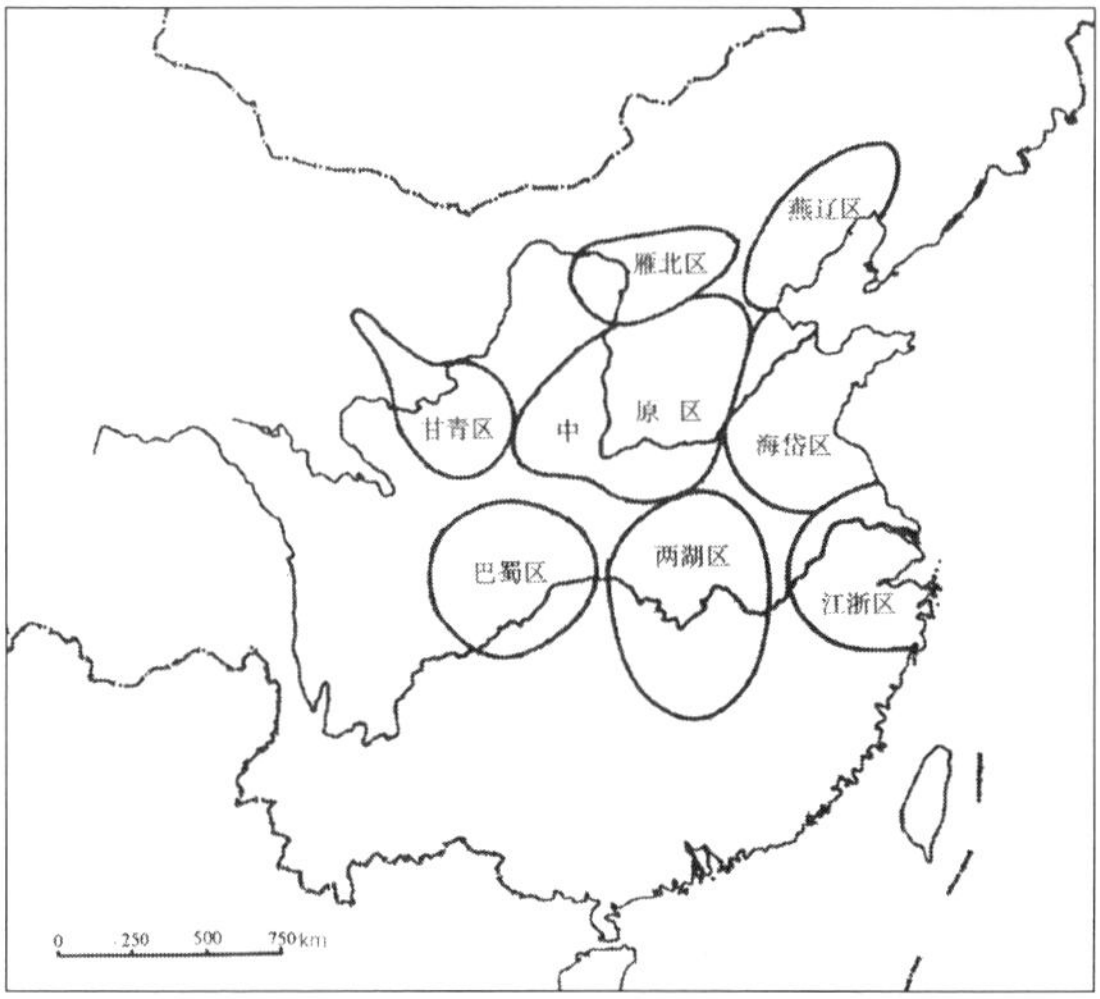

新石器時代の黄河、長江流域の主要文化区（厳文明『農業発生与文明起源』科学出版社、2000年、157頁より一部改変。また『中国史1』山川出版社、9頁参照）

中国文明を読む——国家形成をめぐる協奏

下田　誠

はじめに

中国文明について、読者はどのようなイメージをおもちであろうか。黄河文明や長江文明のような四大文明のひとつとして、エジプト・メソポタミア・インダス文明との比較で関心をおもちの方、また日本の歴史の源流として関心をよせている方もいることだろう。また、三星堆《さんせいたい》や兵馬俑《へいばよう》など、博物館や特別展で目にする珍しい文物から、興味をもつ方もおられるだろう。

本書では、中国の改革開放以降の、中国考古学の黄金時代において注目される中国の研究者二名による文明形成にかんする視点を手がかりに、中国文明にかかわる発掘や研究状況を概観しつつ、筆者の文明や国家形成にたいする理解をしめすものである。五頁の年表をご覧いただくと、本書はおよそ紀元前三五〇〇年頃から紀元前二〇〇年頃の長い時間を対象としていることがわかる。世界と日本をみれば、エジプトにピラミッドがつくられ、オリエントに都市国家や統一国家が建設された。またギリシア・ローマにはポリスが成立し、アレクサンドロス大王の帝国が築かれた。日本では縄文・弥生という時代にあたる。前八〇〇〇年紀以降、各地で牧畜農耕が広がり、文字の発明や金属器の使用、神殿・宮殿の建設、信仰・崇拝等があり、文明と国家の起源をめぐり研究が進められている。本書は中国を対象に国家形成にかかわる主要な見方を「読む」ものであるが、副題のとおり、期せず、諸説は協奏となり響きあっている。

1　本書の問いについて

本書の「問い」は、中国文明史における国家の形成をどのようにとらえるかという点にある。読者諸賢も夏王《かおう》朝《ちょう》のことは聞いたことがあるかもしれない（表1で二里頭《にりとう》文化としてしめされている）。かつて「幻《まぼろし》の」といわれていたが、現在の中国考古学では、日中ともに、およそその存在を想定して研究が進められている。それでは、この夏王朝の頃に「国家」はあったのだろうか。通常、中国の研究者は夏王朝の頃から、つづく殷王朝《いんおうちょう》・西周《せいしゅう》王朝においても国家が存在したと考えている。しかし、日本の議論では西周につづく春秋戦国時代（東周時代）に国家が成立すると考える議論も有力である。国家がなかった時代のことは一般に「氏族制《しぞくせい》」や「首長制《しゅちょうせい》」の時代と理解されている。日中の学者の間で、中国の国家成立の時期にかんする判断は一五〇〇年以上も離れることになる。このようなズレが生じるのはなぜだろうか。ひとつの原因は「国家」の定義が研究者により異なることがあげられる。ただし、ことはそれほど単純ではなく、筆者の旧松下国際スカラシップ（現松下幸之助国際スカラシップ）による派遣先での研究も文明起源・初期国家論を中心に二〇世紀中国における学術史《がくじゅつし》（史学史《しがくし》）の展開をみるものであった。

本書はこのように中国文明をめぐる探究に際して、国家形成を主題に話をすすめるが、中国文明にかぎらず、文明をめぐる議論は懐《ふところ》が深く、さまざまなアプローチがありうる。後述の一八頁にしめした一覧のとおり、文字の発生や金属器の使用、城壁の建設、農業の開始、祭祀や宗教、戦争等、多様な接近方法がある。筆者はそうした多彩なテーマのなかで、「国家」に関心をもったということである。さきにしるしたように、国家の定義や認識の相違

表１　中国先秦文化編年表

年代	時代	文化・遺跡	世界・日本の様子
10000	新石器	（土器の出現）	
	前期	（アワ・キビ・イネの栽培化）	農耕・牧畜の開始
5000		興隆窪　老官台　磁山・裴李崗	
	中期	趙宝溝　仰韶　北辛　馬家浜・河姆渡	
3500		紅山　大汶口	
	後期	馬家窯　良渚	エジプト古王国
		小河沿　屈家嶺	ピラミッド
		斉家　中原龍山　山東龍山　石家河	三内丸山遺跡
2000	二里頭	下夏店下層　二里頭（夏）　岳石　馬橋　三星堆	バビロン第１王朝 ハンムラビ法典
1500	殷	二里岡　先周　殷墟　（三星堆器物坑）	
1000	西周	西周　十二橋	
800	春秋	下夏店上層　秦　晋　燕　斉　楚　呉越	ポリスの成立
500	戦国	韓 魏 趙　巴蜀青銅器　（曾侯乙墓）	アレクサンドロス大王の東方遠征
200	秦	（咸陽城）（兵馬俑）	ローマ帝国
BC	前漢	（長安城）　（馬王堆漢墓）	倭奴国に金印授与

〔参考〕『中国の考古学』（同成社、1999 年、338 ～ 339 頁）等を参考に筆者作成

によって、国家成立の判断が一五〇〇年以上も異なることは、純粋に不思議なことである。そうしたことに興味をもつ者がいてもよいだろう。別のいい方をすれば、すでに多くの学者が農業の発生や文字の使用、青銅器《せいどうき》の鋳造、城壁の建築、祭祀や宗教について、日本と中国、そして世界で多くの著作が発表されている。しかし残念ながら、社会科学のキーワードである「国家」について社会科学の手続きや方法・概念をふまえ研究をすすめる者は、かならずしも多くないため、筆者は学部・大学院の頃からこの点に傾注《けいちゅう》してきた。もしお急ぎの読者がおられれば、本書の以上の「問い」にたいする筆者なりの回答は、五一頁の図28にまとめているので、第三節からお読みいただきたい。

　文明にはさまざまな接近の仕方がある。十人いれば十色である。しかし、その多様性は学問分野や方法にかかわる問題でもある。つ

まり、農業や農業経営であれば農学、城壁であれば土木建築、青銅器であれば鉱工業・鋳造技術等にかんする知識が必要である。文明の素材は、考古遺跡・発掘資料となるので、考古学の知識や技術が必要ということは、すぐに気づかれるだろう。文字の発生に関心があれば、古文字学《こもじがく》・言語学等の素養が求められ、祭祀・儀礼・呪術《じゅじゅつ》に興味があれば、宗教学や民俗学等に精通しなければならない。このように考えてくれば、ある程度、自明のことになるが、「国家」をめぐる問題を探究するには、政治学や社会学・人類学にかんする知識や理論等が必要なのである。これはほんらいとうぜんのことであるはずなのであるが、「国家」や「社会」「家族」等は日常ありふれた存在であり、または十分にその存在を意識しないまま生活していることもあって、こうした言葉、つまり概念はとくに深入りせずとも、なんとかなるように思われる節《ふし》もある。または、そんな失礼なこともなく、「国家」といえば「領域・領海・領空」等と自分なりの定義はあるといわれるかもしれない。一歩立ち止まって、「国家」とはなにか、再検討することも悪いことではないだろう。もしかすると、さきに述べたような国家成立の理解が一五〇〇年以上も隔《へだ》たりがあるのは、そうした背景（暗黙の前提）もあるのかもしれない。つまり自明性が強すぎるのである。「国家」「社会」のことを私たちは知らないわけがない。しかし、そうした者たちが、認識をぶつけあえば、すれ違いをよぎなくされる。ある段階に国家の存在を認めるか認めないかとは、「歴史認識」の問題である。筆者は以上の状況をふまえ、これまでも歴史学・考古学・古文字学について学ぶかたわら、政治学や社会学・人類学の理論や研究の摂取《せっしゅ》につとめてきた。筆者は大学に入学して中国古代史（とくに先秦《せんしん》・秦漢史《しんかんし》）を専門としてから、すでに二十五年がすぎる。本書述作《じゅっさく》の意図は次頁に再度言及するが、そうした日頃の研鑽《けんさん》のあとを、一般向けに書いてみたいと考えた。

2　本書の構成について

つづいて本書の構成である。本書は全三節構成である。この「はじめに」のあと、第一節では「歴史学の可能性」と題して、歴史学専攻の筆者がなぜ、すでに歴史学が対象にするのは「難しい」といわれる中国文明や国家形成の問題にとりくむのか、その理由を述べる。筆者は考古学者のように発掘にあたることもなく、遺物《いぶつ》の整理をおこなうこともせず、それでいて、いわば「同じ土俵」で国家の起源や国家の発生の問題にふみこもうとしている。[1] そのためには、歴史学の固有性にふれないわけにはいかない。幸い本書は、他分野の研究者との討議をへて、完成にいたった。第一節において本書執筆のねらいがさらに明瞭になるだろう。第二節では、「中国文明」について書かれた著作を読みといていく。とくに中国国内で改革開放以後に刊行された注目の蘇秉琦《そへいき》・王震中《おうしんちゅう》両氏による文明起源・国家形成にかんする著作をとりあげる。この二著をみていくのは、その同国における影響力の大きさや国家理論の厳密さにもとづくものである。中国国内では、ナショナルアイデンティティともかかわって、文明起源・国家形成にかんする研究は膨大にある。その全体を概観するのも困難であるが、第二節では、中国側の研究を代表する蘇著・王著を軸に日中または欧米の主要な議論を検討する。第三節は本書の中心部分であるが、新石器時代後期にあたる龍山《りゅうざん》文化の時代（龍山文化については本書一八頁参照）、そして夏王朝、夏につづく殷王朝が主たる対象となる。絶対年代をおよそでしめすと、新石器時代は紀元前一万三千年頃からで、前期・中期・後期にわかれる。中期は前五千年頃から、後期は前三千年頃からはじまるものとする。表1に概略をしめしたとおりで、夏王朝と呼ばれる二里頭文化《にりとうぶんか》は、紀元前二千年頃、殷王朝は前一六〇〇年頃から、殷のつぎは西周であるが、前一〇五〇年頃を目安に考えていただきたい。[2]

中国史を研究する者の間では、夏殷周《かいんしゅう》（中国では夏商周《かしょうしゅう》と一般にいわれる）「三代《さんだい》」を一体に論ずる傾向がある。それは社会構造・政治体制に類するところがあるからで（ほんらい周は西周《せいしゅう》・東周《とうしゅう》にわかれ、東周時期に大きな社会変動があったことから、夏・殷・西周という方がより正確であるが）、夏殷周が初期王朝のメインとなる時代である。なかでも史料条件・発掘状況等から殷王朝が夏殷周を代表して研究されることも多い。本書でも龍山時代と夏王朝に相当するとされる二里頭文化期、殷時代については、比較的詳しく近年の成果もふくめ、紹介していく。

本書は中国文明にかかわり国家形成をめぐる議論を読みすすめる関係から、「時代」については時代順の進行ではなく、行《ゆ》きつ戻《もど》りつして書いている。読者諸氏にはやや負担をかけるかもしれないが、表1等も参考にしてほしい。理由のひとつは、本書が「ひと」にフォーカスして、その述べるところを紹介しながら、筆者自身の評価をまじえる叙述のスタイルであること、もうひとつは、いわゆる夏王朝に出土文字資料がなく、甲骨《こうこつ》文字《もじ》や金文《きんぶん》等で傍証を得られる殷王朝からさかのぼって夏王朝・新石器時代後期の文明や社会の状況等をさぐる遡及《そきゅう》型の執筆形式をとっている点である。いわば殷に中心を定め、前後の時代（新石器時代後期・夏代と西周・東周時代）をみているといってもよいかもしれない。簡単に第二節の構成と対象とする時代・概要をしめせば、表2のとおりである。

表2　本書第2節の構成と対象とする時代・概要

本書節・項	本書頁	時代	概要
2の1	17 ～ 24	殷	張光直氏の所説とのかかわり
2の2	24 ～ 29	夏・殷	邑制国家論とのかかわり
2の3	29 ～ 35	新石器時代中後期	蘇秉琦氏の所説とのかかわり
2の4	35 ～ 40	殷	殷代史の概要
2の5	40 ～ 45	夏・殷	王震中氏の所説とのかかわり
2の6	45 ～ 47	新石器時代後期	陶寺遺跡の評価とのかかわり

つづく第三節では日本で進展している西周・東周時代（東周は春秋《しゅんじゅう》時代と戦国《せんごく》時代にわかれる）の政治・社会にかんする研究を参考に、その知見をもとに「国家」のとらえ方を再考し、筆者による見取り図をしめす。西周・春秋時代は、族《ぞく》が族を支配するような社会体制にあったが、そのなかで「周」とはどのような存在で、どのような観念や秩序により、国や諸侯をまとめていたのか、以前は十分明らかではなかった。春秋時代は、西周時代を継承する側面も強く、周王朝を奉《たてまつ》っていたが、しかし春秋中期頃から三〇〇年ほどをかけて次の時代に移行していく。その過渡期のあり方をどのようにとらえるかが重要である。秦の始皇帝や春秋戦国時代は一般にアニメやドラマ、小説等でもとりあげられることから、日本でもよく知られている。本書は中

華や帝国と呼ばれる秦漢《しんかん》時代を用意した中国先秦《せんしん》時代（先秦とは秦の始皇帝以前の時代を指す）の歴史の〈新たな見方〉をわかりやすくまとめる考えにある。

３　本書の使用する史資料

中国の先秦時代を研究するには、通常、司馬遷《しばせん》の『史記《しき》』や『春秋左氏伝《しゅんじゅうさしでん》』、『戦国策《せんごくさく》』、諸子百家《しょしひゃっか》の思想をまとめた文献史料を利用するほか、多くの考古発掘資料、伝世品等を使用する。ちなみに『春秋左氏伝』とは、『春秋』という魯《ろ》の国の年代記への注釈・解説書であり、この『春秋』が春秋時代の名称の由来であり、戦国時代は遊説家《ゆうぜいか》の弁論《べんろん》をまとめた『戦国策』という書物の名からきている。話を研究の材料にもどすと、考古発掘資料または盗掘等、さまざまな事情により伝世流通する遺物《いぶつ》について、文字の書かれているものを私たちは出土文字資料や出土文献と呼んでいる。本書が対象とする時代については、文献史料の記載には信頼性に問題がある（本書四〇、四四頁参照）そこを近代から現代にかけて大量に得られた出土文字資料・考古発掘資料がおぎなうことになる。代表的な出土文字資料には、殷後期の一次史料であり亀甲や牛の肩胛骨《けんこうこつ》に刻まれた甲骨《こうこつ》文字、西周時代の一次史料である金文《きんぶん》（青銅器に鋳込まれた文字）、戦国時代の木牘・竹簡を総称する簡牘《かんとく》史料等がある。簡牘とは木や竹の板・片のことで、墨と筆により文字が書かれた。一次史料とは歴史学の用語で、そのとき・そのばで・そのひとが書いたもので、公文書や手紙・日記等が相当する。それにたいし、のちに編纂されたもの等は二次史料といわれる。歴史研究では過去の事実を確定したり、筋道を立てて論を組み立てていくうえで、史資料の見極めが重要であり、「史料批判」という手続きがある。一次史料は当時の生の資料であるから、貴重なものである。甲骨・金文・簡牘は代表的な出土資料であるが、そのほかに石圭《せきけい》や印章《いんしょう》等にも文字が書かれていることもある。中国では戦国時代に入ると、貨幣も多くつくられ、貨幣には地名や単位が鋳込《いこ》まれている。中国先秦時代の最重要遺物は青銅器と筆者は考えるが、青銅器は西周時代と戦国時代で大きく機能が変化している。西周時代の青銅器は、祖先祭祀の道具であった。それにたいし、戦国時代になると、装飾も簡素になり、実用的な容器・武器類が多くなる。ただし、文字のない遺跡や遺物も貴重な資料である。考古学者によって、編年や当時の使用方法、機能的・象徴的な意味等が検討されている。また、それらをふまえた政治社会のあり方、世界観等も探究されている。繰り返しとなるが、筆者は歴史学を専門としており、考古学者の仕事から多くを学んでいる。とりわけ新石器時代以前について文献を主とする歴史学者が研究するのは難しく、殷西周時代も考古学者の活躍がめだつ研究領域である。さらに甲骨文字や金文の解読は、長年の訓練を要するもので、古文字学の一分野として甲骨学・金文学が独立するような状態にある。「先秦時代」という比較的長い時間のなかで、特定の課題をとりあげるのは、困難がともなう。しかし、筆者は歴史学者として「読む」という行為にかけてみたい。

一　歴史学の可能性

1　歴史学の可能性——事実認識と歴史認識

筆者は本書の執筆にあたり、あらためて歴史学の可能性を考えている。中国古代史の研究は、個別の史料の整理や考証・解釈に追われている印象がある。しかし、あたりまえのことであるが、個別の事象をつみあげても全体にはならない。この点について、筆者は遅塚忠躬《ちづかただみ》氏の『史学概論』の成果を参照にしている（図1参照）。やや難しい話になるが、考古学者ではない筆者が中国文明を論ずるに際し、確認をしておきたい事項である。遅塚氏は歴史学の営みを分解して、事実認識と歴史認識に分けている。事実認識においては実在論《じつざいろん》（実証主義）に立ち（同氏は「柔らかな」実在論という）、歴史認識・歴史像の構築においては、反実在論《はんじつざいろん》（いわゆる構成主義）の立場をとっている（一九二頁）。また「事実」を構造史・事件史・文化史の三種類の事実に弁別している。構造史とは、著名なフランスの歴史家フェルナン・ブローデルの歴史的世界の三層から着想をえたもので、最下層「ほとんど動かない歴史」と中層「ゆっくりとしたリズムで動く歴史」との二層を一括したものである。ちなみに「短く、急速に激しく波打っている歴史」「表面の波立ち……としての事件の歴史」は上層にあり、遅塚氏のいう事件史である。文化史上の事実とは、その構造史と事件史を媒介する中間領域に存在する厚い層とされる。

さて、本書のあつかう時代、新石器時代後半から秦の統一まで考えても三〇〇〇年以上の時間幅があり、たとえば先秦時代の後半の春秋戦国時代に限定しても五〇〇年以上ある。二〇二〇年代からさかのぼれば、五〇〇年といえば、日本の歴史では戦国時代である。私たちの日常生活において、日本の戦国時代とリアルにつながる意識を感じることは一般にはあまりないだろう。この「事実」をめぐる三種類にふれたのは、本書では比較的長い時間をあつかい、持続する構造に筆者が関心を寄せているということを述べたいからである。なお、遅塚氏が事実の問題に重きをおくのは、歴史とは歴史家がまとめた物語であるといった批判にたいする歴史学からの応答という面もうかがえる。本書ではそうした点には深入りしないが、歴史学は論理的に筋道の通った議論をするということ、経験によって得られた事実にもとづく学問であることということ等、本書も同様であり、ブックレットとして平易な記述には意を尽くしたが、創作（小説・物語）ではない。歴史学を尚古《しょうこ》趣味（昔の文物や制度を愛好すること）や考証と区別するものは「問題設定」であるといわれる。筆者は中国における国家形成を問題としている。前述のとおり、かたや夏王朝や殷

図1　近年の歴史学にかんする概論（遅塚忠躬『史学概論』東京大学出版会、2010年）

西周時代に「国家」成立といい、かたや戦国時代に「国家」成立をいうのはなぜだろう。それは歴史認識の問題であり、その論拠を確認していきたい。

筆者は多少まわり道のようであるが、歴史学の営みを自覚的に論じているのは、歴史学を支える考証的（実証的）な研究と歴史認識の問題を区別していく必要があると考えているからである。先秦史の研究においては、個別の文字の解読や史料の解釈、そして文献学（テキスト論）、考古学であれば、遺物の整理・編年、解釈に多くのエネルギーと時間、書籍・論文の分量がさかれている。しかし、そうした事実認識にかんする問題と、そこに国家が存在したと認識することは、同じことではない。国家と考えるのは、「諸理論の批判的摂取によって諸事実を主体的に組み立ててゆく、いわば能動的（主体的）な思考への転換」である（遅塚著二六〇頁）。筆者もまた、国家形成にかんする諸理論を吟味《ぎんみ》し、批判的に継承しており、その立場から中国文明を読みすすめていく。歴史認識は排他的《はいた》ではない客観性を有するもので、検証にたえうる反証可能性を備えるものである。「文明」については後述するが、ただし、発展段階として野蛮《やばん》と文明の比較等を意図するものではなく、都市化や高度な技術、階層分化等をもつ文化を文明ととらえている。優劣等、現代の価値観から判断・評価することを目的とするものではない。そして、国家の形成過程に文明の一端をみていこうとしている。

2　関係がつむぐ知――他分野との交流から

およそ以上が本書執筆の機縁《きえん》である。本書は松下幸之助　志《こころざし》　財団の支援を受け、海外に留学したものが執筆の機会を与えられたものである。本書執筆の過程では、複数回、意見交換の場がもたれた。知識とはおよそ関係がつむぎ出す側面もある。その議論をへて、深堀されてきた課題について以下に重複をいとわず、まとめておく。

（1）「国家」について

本書では、筆者による国家の定義をしめし、それに合致するかどうか、といった議論をするつもりはない。それは筆者が政治学者ではなく、そうした用意もないのであるが、筆者なりに考えるところはある。その点は折にあらわれてくるとみられるが、本書では中国側の著名な考古学者・歴史家による中国文明の書かれ方、国家形成の論じられ方を検討しながら、「国家」をめぐる問題を考えてみたい。

あまり日常の感覚に流れるのは避けて、参考までにマックス・ウェーバーによる定義をみれば、「国家とは、ある一定の領域の内部で――この『領域』という点が特徴なのだが――正当な物理的暴力行使の独占を（実効的に）要求する人間共同体である、と。国家以外のすべての団体や個人に対しては、国家の側で許容した範囲内でしか、物理的暴力行使の権利が認められないということ、つまり国家が暴力行使への『権利』の唯一の源泉とみなされているということ、これは確かに現代に特有の現象である」（傍点はウェーバー、『職業としての政治』岩波文庫、九〜一〇頁）と述べる。「領域」という点が注目されるが、一方で暴力の独占も落ち着いて考えてみれば、そのとおりである。しかし、国家の暴力独占の特徴的な点は、（その暴力独占を背景に）国家内のすべての団体・個人に国家の意思が貫徹《かんてつ》することである。組織にも力はあるが、国家は個別の組織をつらぬく力をもっている。しかし、ウェーバーも「現代に特有の現象」といっている。一般に、一定の領域内に正当な暴力を独占する最高の権力を「主権」と呼び、それは近代国家に特有の概念である。最初の主権国家は絶対主義国家であり、その際の主権は絶対君主に存するとされるが、市民革命後も国民主権に引き継がれた。こうした主権国家体制は、一六四八年のウェストファリア条約によって認められた。こうした議論からいえば、古代・中世の「国家」は近代国家と異なるものである。あるいは「国家」という言葉は使わないほうが良い、または便宜的に使用するにかぎるという風潮もみかける。しかし、中国古代、秦漢以前の研究をみれば、日中双方に「国家」の語は縦横無尽《じゅうおうむじん》に使用されている。かつ、前述の通り、夏殷周の三代はいざ知らず、新石器時代後期にまで「国家」を使用する研究もある。そうかといえば、春秋戦国時代の社会変動を経て、戦国中期以降に「国家」が成立するという研究もある。これは素朴に不思議なことである。念のためいえば、ここで使用する「国家」は社会科学の概念であり、古典中の史料用語を指していない。[3]英語では「state」である。かりに「クニ」や「国《くに》」と言い換えたところでもかわらない。ほんらい厳密な議論が求められる。筆者自身は、公権力《こうけんりょく》や公共性に注目しており、「領域」については国家の要件としては、疑問に考えている。[4]また、近代国家においても、国境画定等、相互承認を要しており、先秦の時期、新石器時代から金属器時代（青銅器時代・鉄器時代）の諸勢力の興亡も相互承認から論ずることも可能だろう。国家起源や国家を論ずることは、いまさら流行《はや》らない、過去の話と思われるかもしれない。しかし一方で国家形成への関心は、今なお根強くあり、日本史や考古学の分野では一定の関心が連綿と続いており、遊牧国家や港市《こうし》国家、イスラム国家等、比較研究の可能性もあるだろう。

なお、筆者は「中国文明の書かれ方、国家形成の論じられ方」を検討するのであるが、筆者のねらいのひとつは「中国文明の魅力」を伝えることにもある。ほんとうは「中国文明の書き方、国家形成の論じ方」のほうが興味をもたれるのかもしれない。ロールプレイングゲーム等が人びとの心をつかんできたのは、自ら材料を集め、自分で旅をして、百通り、千通り、はたまた無限の未来を作ることができる（ように感じられる）ことではないか。おそらく「中国文明の書き方、国家形成の論じ方」というテーマは次のフェーズなのだろう。本書では中国文明の材料を整理し、まとめられ方をみていくことで、中国文明の魅力を発見するきっかけになればうれしい。[5]

（2）国家形成そのものをあつかうのか、中国のナショナリズムを読みとくのか

この点も重要なことであるが、すでに殷周以前は考古学者の対象であるという意見はよく聞かれる。文字のない時代を歴史学は対象にできない、というのである。筆者は前述のとおり、歴史学者であって、考古学者ではない。

じつは歴史学の側としては、すでに殷西周時代の研究もなかなか厳しいという声もある。文字資料として甲骨文や金文はあるとはいえ、考古発掘はめざましい進展をとげており、遺跡や遺物の検討から論ずる世界は広がっている。しかし、少なくとも文字がないから歴史学は対象にできないということはなく、『史記《しき》』には「五帝本紀《ごていほんぎ》」があり、「夏《か》本紀」があり、これらには伝説や後代の記述が多いとはいえ、そこからなにかを読みとる余地も多いと考えている。歴史学の立場からの「中国文明を読む」という行為は、文献史料からの復元の困難から、いきおい中国人の研究では、歴史が国威発揚に利用されている、ナショナリズムを喚起《かんき》しているといった政治的な批判・論評となりがちである。本書のタイトルから、そのような内容を期待された読者には、やや裏切る形となるが、「中華民族の多元一体構造」等を論評する著作は別にあたっていただくしかない[6]。いずれにせよ、筆者は歴史学からも仰韶《ぎょうしょう》文化・龍山《りゅうざん》文化の時代、夏殷周三代の時代にアプローチは可能と考えている（仰韶文化・龍山文化の時代は五頁表1をご覧いただきたい）。つまり、筆者はすでに考古学者にバトンは託《たく》されたとされる「国家形成過程」の問題にとりくみたいのである。無理だといわれれば、無理なことをやろうとしているのかもしれない。ひとつ付言すれば、現在の研究状況はかなり個別細分化しているということである。甲骨文・金文が甲骨学・金文学と独立して研究され、物をいうには一〇年以上の研鑽《けんさん》を要するような職人世界になっているのと同じく、考古発掘・遺物の整理にもその方面の高い技量が求められる。夏王朝の時代を考古学では「二里頭《にりとう》文化」の時代として研究されているが、その土器の整理ひとつとっても大変な時間と労力を投入するものである。特定の遺跡・遺物、史資料群をとりあげるだけでも精一杯であり、個別細分化にはそれなりの理由がある。筆者としては、異分野・異領域（というほど離れているつもりもないが）から「書かれたもの」を読み、当該分野・領域で常識化していることを疑い、別の視点をもちこむことで、先秦史研究を活性化させたいと考えている。そのような事情から、本研究は中国考古学や殷周史等の過去の研究者の成果のうえにあり、大きな敬意をいだくものであるが、必要の範囲で代表的な著作を紹介する。本書執筆の過程でも大いに参考にしたが、すでに良書・好著が多数刊行されている。なお、外国人として中国考古を研究する者もまた、現地に入れない、発掘に参加できない、情報が十分に入ってこない等の悩みを抱えていると聞く。さまざまな困難を承知しつつ、総合化の試みは多様になされるべきであろう。こうした意味で、歴史修正主義に向き合うという目的も見え隠れするが、多少近代史とは温度差もあるかもしれない。現在、三皇五帝《さんこうごてい》を史実としてあつかう者はそれほど見かけない。三皇とは伏羲《ふっき》・女媧《じょか》・神農《しんのう》、五帝とは黄帝《こうてい》・顓頊《せんぎょく》・帝嚳《ていこく》・堯《ぎょう》・舜《しゅん》の五人とされるが（異説はある）、五帝にさきだつ三皇がのちの世になって文献にあらわれるような始末で（唐代にそれ以前の説をまとめたものとされる）、神話・伝説の類である。捏造《ねつぞう》等は論外であるが、考古学では新発見に応じて、堅実に論を組み立て、真摯に再考を続けているという印象を筆者はもっている。エジプト・メソポタミアより古くさかのぼる中国を証明したいといった思いも中国国内ではあるかもしれないが、本書では事実認識と歴史認識を区別しつつ、国家形成にかんする正確な根拠にもとづき、筋の通った論を展開したいと考えている。

（3）中国文明、中国の魅力を伝える

日本に住んでいると、メディアの影響も大きいとはいえ、隣国の中国や韓国の情報は、ゴシップか批判か、それとも脅威かバランスの悪い報道が多い。ネガティブな報道をするときは、ポジティブな報道も同量おこなう等の規制をかけた方がよいと考えるくらいである。領土問題や戦時中の補償をめぐる問題等、現実的に解決していない、しばらく解決しそうにない問題も山積みであり、メディアの責任ばかりではない。筆者は適任かさておき高等学校・大学で中国語教育にたずさわるようになって、すでに十五年になる。筆者が日頃残念に感じていることは、中国語履修者は多く、比較的人気の科目であり、話せるようになりたいという学生も多いのであるが、中国人留学生を連れていっても話をしない、中国語を勉強するが、中国にはあまり興味がない、という状況に直面することである。

漢字が一緒だからやさしそう、単位をとれればそれでよいといわれれば身もふたもないのであるが、いわゆる「中国離れ」か、または人文社会系学問全般の課題であるのかもしれない。ともあれ、自分自身の授業力の低さを棚《たな》にあげて述べているのであるが、中国文明や中国史の魅力を発信できていない自身に反省している。中国では考古発掘の進展で出土文字資料や遺跡・遺物も増加し、現在は先人たちがみることもできなかった興味深い史資料であふれている。本書を筆者は、中国の魅力を伝えるきっかけにしたいと考えている。通常、自分の著作を読んでほしいと思うこともないのであるが、本書はおすすめできる図書でありたいと願っている。欲をいえば、大学等の教材等としての使用も想定して、参考文献もバランスに配慮した。それらにすすんでいただければ、より確実な基礎も得られるだろう。本書を通して、考古学者がまとめる入門書や概説書とは一味違う中国文明へのアプローチを楽しんでいただきたい。

二　中国文明を読む

1　中国文明の書かれ方——中国・台湾・欧米における

ここに『中国文明起源研究要覧』という書籍がある。同書は、二〇〇三年に出版されたものであるが、中国を代表する考古学者、安志敏《あんしびん》氏による同書の推薦によると、二〇世紀に発表された中国文明起源研究の成果を分類し、約八〇〇篇の概要を収録し紹介するものである。中国文明の起源にかんする研究は、安氏らによれば、中国考古学・歴史学の重大課題であるとされる。図2は当該書籍の目次である。三〇種類に分類されている。同書は中国語の世界ではいわゆる工具書《こうぐしょ》である。日本の図書館でいえば、レファレンスコーナーに配架される事典のような書籍である。

本書の目次からも中国文明を語るということがどのような側面に光をあてることかがうかがえる。そもそも

前言
壹　総論中国文明の起源
　一　中国文明起源の巨視的研究
　二　中国文明起源研究の理論探索
　三　文明の概念・特徴・標識と要素に対する議論
　四　文明起源研究の方法と道程の検討
　五　国家起源・形成と早期国家形態及び関連理論の探索
　六　酋邦問題と文明起源研究
　七　内外の文明起源の比較研究
貳　中国文明起源を探索する専門テーマの研究
　一　古代環境と文明起源研究
　二　原始農業と文明起源研究
　三　史前聚落・城と文明起源研究
　四　符号・原始文字と文明起源研究
　五　早期銅器と文明起源研究
　六　原始宗教と文明起源研究
　七　原始礼制の探索と文明起源研究
　八　史前の戦争と文明起源研究
　九　史前の玉器と文明起源研究
参　中国のいくつかの主要地域の文明起源研究
　二　中原地域の文明起源研究
　三　海岱地域の文明起源研究
　四　黄河上流域地域の文明起源研究
　五　遼西及びその付近の地域の文明起源研究
　六　長江流域と文明起源
　七　長江中流地域の文明起源研究
　八　長江下流地域の文明起源研究
　九　華南と西南地域の文明起源研究
肆　中国文明起源と古史研究
　一　伝説時代と文明起源研究
　二　夏文化の探索と文明起源研究
　三　夏商周三代文明の特徴等の問題探索
伍　中国文明起源研究の成果・評価と回顧
　一　中国文明起源研究の著作の評価
　二　中国文明起源研究の回顧
附録一　専門著作目録索引
附録二　論文目録索引
附録三　作者姓名索引
附録四　引用論文集一覧表
附録五　引用雑誌・新聞一覧表
後記

図2　『中国文明起源要覧』目次

「文明」という言葉は、シビライゼーション（civilization）の訳語と思われるかもしれないが、漢語の使用例も古くからみられる。『易』（『易経』『周易』ともいう。以下『易』の解釈は本田濟『易』朝日選書、一九九七年によった）同人《どうじん》に「文明以健、中正而応、君子正也」（文明以《もっ》て健《けん》、中正にして応ず、君子の正なり）とあり、文言《ぶんげん》に「見龍在田、天下文明」（見龍田《けんりょうでん》にあり、天下文明なり）という。中国における著名な古典語辞典として『辞源《じげん》』をみると、これらの用例に対し、「①文采光明・文徳輝耀」（華やかな彩りが光り輝き、文徳がきらきらと輝く）と釈義をしめしている。神々しさは伝わるが、「②有文化的状態，与〝野蛮〟相対」（文化のある状態、「野蛮」とあい対する）ともあり、こちらはより近代にちかい時期の解釈であろう。日本の近代では、福沢諭吉は『文明論之概略』（一八七五年）等において、「文明」の語を用いている。柴田隆行氏の紹介するところにもとづけば、福沢は同書の中で、「文明とは、人間交際の次第に改《あらたま》りて良き方に赴《おもむ》く有様を形容したる語にて、野蛮無法の独立に反し、一国の体裁《ていさい》を成すという義」とする（岩波文庫版、一九九五年、五七頁）。福沢によれば、「文明」は「人の智徳の進歩」を意味し、物質的なものというよりは、精神的なものとされる（石塚正英・柴田隆行監修『哲学・思想翻訳語事典〔増補版〕』論創社、二〇一三年、二四五～二四六頁）が、「野蛮と文明」という対比は、福沢にもみてとれる。

筆者が大学に入学して、中国古代史を学び始めた頃（一九九〇年代後半）、なお、停滞史観《ていたいしかん》の克服が課題とされていた。遅れた中国、その原因を専制国家としての長い歴史や資本主義が自生しなかったこと、国民統合が実現されていないこと等、各方面からそうした停滞・循環のような負の側面を、いかに歴史認識のレベルで乗り越えるか、課題とされていた。しかし、真の克服は、現実の中国そのものの飛躍的な発展であり、二〇一〇年にはGDP（国内総生産）について実質で日本を超えて世界第二位となった。このままいけば、二〇三〇年頃までには中国はアメリカを抜き、世界最大の経済大国となるだろう。かつては、停滞の負の歴史とされた前近代の社会構造や生産のあり方、政治体制や王権（皇帝制度）の存在等は、プラスの側面から評価されはじめる。歴史認識とは、そのように時と場所によって変化するものであり、それゆえ、歴史学とは現代の学問といわれる。新史料の発見等なくとも、繰り返し、過去に問いかけがなされるのは、相応の意味があるからである。

本書は「読む」形式を貫《つらぬ》いていくが、日本・中国の研究状況双方に対して、一九八〇年代以降の、おもに一九九〇年代以降の研究をとりあげるつもりである。そのため、中国についていえば、日本の中国古代史研究にも大きな影響を与えてきた郭沫若《かくまつじゃく》（一八九二～一九七八）や侯外廬《こうがいろ》（一九〇三～一九八七）にまでさかのぼり検討する考えはない。郭沫若は歴史学者・考古学者・文字学者であり、作家そして、政治家である。日本語に翻訳されているもの、日本語で読めるものでも、『中国古代の思想家たち』（野原四郎・佐藤武敏・上原淳道訳、上・下、岩波書店、一九五三・五七年。『十批判書』の翻訳）や『郭沫若自伝』（小野忍・丸山昇訳、平凡社東洋文庫、一九七一～八一年）等がある。そのほか、文明起源・国家形成にあたる時代を対象とするものには、『青銅時代』（群益出版社、一九四六年）、『奴隷制時代』（新文芸出版社、一九五二年）等をあげられる。侯外廬は主編の『中国思想通史』（全五巻六冊）等、思想史の分野で著名な学者であるが、国家形成の理論面の厳密さ、先秦の出土資料・既存文献との統合による歴史認識の提出に定評があり、『中国古代社会史論』（原著一九五四年）は翻訳もされている（太田幸男・岡田功・飯尾秀幸訳、名著刊行会、一九九七年）。

そうしたなか、ひとつの決定版は李学勤《りがくきん》主編の『中国古代文明与国家形成』（一九九七年）であり、中国社会科学院歴史研究所の重点課題として一九九〇年代初頭から先秦史研究室の総力を結集して、フリードリヒ・エンゲルス（一八二〇～一八九五）の逝去百周年を記念して刊行された。エンゲルスはカール・マルクスと『共産党宣言』を共同執筆する等、ともに科学的社会主義を創始したとされる人物で、国家形成の古典である『家族・私有財産・国家の起源』（一八八四年　土屋保男訳、新日本文庫、一九九〇年等の訳書がある）等の著者として知られる。『中国古代文明与国家形成』には「公共権力」として夏王朝の国家形成をとらえる視点や西周を華夏《かか》国家としてとらえる考え方等がみられ興味深い(7)。

初期国家や早期国家をめぐる議論を紹介しなければならないはずであるが、ここではさきに張光直《ちょうこうちょく》氏の研究にふれておきたい（図3参照）。張氏は北京生まれで、台湾で考古学と人類学・歴史学・文学を学び、アメリカにわたり、ハーバード大学の教員をつとめた。以下、張氏の考えを代表的な著作『中国青銅時代』と『中国青銅時代（第二集）』の訳書（A著・B著と略称）からうかがいたい。張氏の強みは多岐にわたるが、やはり人類学の知見を積極的に導入した点にあるだろう。

殷王の名称には十干十二支の十干（甲・乙・丙・丁・戊・己・庚・辛・壬・癸）が使われており、上甲《じょうこう》や小乙《しょういつ》、中丁《ちゅうてい》等と呼ばれているが、この名前は死後に得たものである（本書二六頁図13参照）。現在も歳時記カレンダー等をみると、二〇二二年二月一日は乙酉（きのと・とり）、同じく二月二日は丙戌（ひのえ・いぬ）等と書かれている。これは十干《じっかん》十二支《じゅうにし》を組み合わせて六〇通りの組み合わせを作ったものであるが、決められた組合せの順番を日や年にあてている。その十干が殷王の名称に使われているのは、以前は生まれた日や死んだ日、死後に占って決めた等の意見があった。それについて、張は「商王廟号《しょうおうびょうごう》新考」（一九六二年）の中で、殷王の廟号に使用される十干が甲・乙・丁にかたよりがみられることから、甲・乙組と丁組は二つの支族で、この二つの間で交叉《こうさ》いとこ婚がなされていたという（A著所収、二二三〜二二六頁参照）。いくつか補足説明をすると、ここで「廟号」といわれるが、廟号と諡《おくりな》・諡号《しごう》とはいずれも死後につけられるものであるが、違いがある。おくりな（諡）は、残された者による評価がはいり、徳があったから文王《ぶんおう》、武に功績があったから武王《ぶおう》等と呼ばれるものである。廟号は、先祖をおまつりするための壇《だん》や施設に並べるための名前である。壇とは仏壇ではないが、土盛りや木材等により一段高くしたところとなる。そこには祖先の神主《しんしゅ》（仏教でいう位牌《いはい》）がおさめられている。廟号の例としては王朝初代を高祖《こうそ》・太祖《たいそ》と呼び、二代目以降、太宗《たいそう》・高宗《こうそう》等と呼ぶものである。一般に知られるものでは、横浜中華街にある関帝廟《かんていびょう》や湯島聖堂等の孔子廟《こうしびょう》があり、廟の施設や活動・祭祀等をうかがう材料にはなる。交叉いとこ婚とは、自分の父母の兄弟姉妹の子どもで、自分とは性の異なる者と結婚することをいう。張氏は人類学の知見と殷王の系譜等から交叉いとこ婚を見出したものであり、異論はあるが、当時において創見をしめした。

中国青銅時代
張光直著　小南一郎・間瀬収芳訳
中国古代史の最大の謎，夏王朝は実在したのか。殷周の文化は世界の古代文明のなかでどのような位置をしめるのか。都市，社会，美術，神話，飲食などの幅広い視野から的確に解明。

図3　張光直『中国青銅時代』（小南一郎・間瀬収芳訳、1989年）

もうひとつ張氏の業績でふれておきたいことは、中国の中央部、中原《ちゅうげん》（河南省・山西省・河北省・山東省西部・陝西《せんせい》省東部の地帯）において周囲を蛮夷《ばんい》に囲まれながら、国家が夏↓殷↓周と変転していくのではなく、夏王朝が滅びる以前に殷はすでに有力な政治集団であり、殷王朝が滅びる以前に、周はすでに有力な政治集団であったということ、相互関係の中で国家形成を考える視点である。[8] その視点は、先殷《せんいん》文化（殷が建国する以前の当該集団の動向とその人びとの生活の痕跡、つむぎだす文化）や先周《せんしゅう》文化（同じく周が建国する以前のそれ）への注目につながるもので、多様性の中で中国の舞台における人びとの動きをとらえることにつながるものである。なお、中国では通常、先殷文化とはいわず、先商文化という。『商周考古学概説』（宇都木章《うつきあきら》ほかによる訳書あり）等の著作のある考古学者の鄒衡《すうこう》氏らも先商（殷）文化等に注目してきた。

張氏の研究でさらに重要なことは、人類史・世界史の広い視野のなかで中国文明をとらえていることである。つまり、ヨーロッパやエジプト・メソポタミアと比較すれば、夏・殷・周は一系統で、同じ中国文明の構成要素である。しかし、現在の中華人民共和国の範囲における文明の展開を考えれば、地域的な差異もあり、夏殷周の横の関係が三代（三つの王朝）の発展にかかわっていたということである（A著五五頁等参照）。世界の文明の形成過程という歴史認識の構築において、中国文明の知見がいかに貢献できるか、張氏からそのような視座が強くうかがえる（「連続と非連続」原載一九八六年、B著所収、一八八頁等参照）。わかりやすくいえば、欧米の学者たちは、世界の民族の情報や経験にもとづき総合化・普遍化して文明の起源や国家形成にかんする議論を展開しているが、「漢字」や悠久の歴史というハードルもあって、中国抜きで組み立てる研究もみられる。それではまずいということである。

そして、張氏は中国とメソポタミアの「都市」（「都市」の語の使用も慎重を要するが、ここでは張氏の使用法による）の出現を比較して、チグリス・ユーフラテス川流域のように経済の発展が飛躍をもたらしたのではなく、中国の「都市」は最初から政治的性格を帯びていた、統治階級が政治権力を獲得し維持するための用具であったことを述べている（「中国初期の『都市』という概念について」原載一九八五年、B著所収参照）。この指摘は実態にそくしたものとみられるが、言葉以上の迫力はある。国家形成論には、経済的条件（生産技術や交易等）を最優先、経済的条件こそが国家形成の指標となるとする考え方もある。オーストラリア出身の先史ヨーロッパの考古学者であるゴードン・チャイルドは人口増加と生産活動における分業・専門化が富の余剰をうみ、「都市」の出現にいたったとする。チャイルドは「都市革命」と呼んでいたが、その視座は、西洋文明の歴史的事実（チグリス・ユーフラテス川流域とペルシアから古典古代のヨーロッパまで）を裏づけた。しかし、張氏は中国の文明と西洋の文明を比較して、西洋の経験（一般法則）のいくつかは中国に適用できないとし、中国の形態を「連続性」の文明、西洋の形態を「非連続性」の文明とする。そしてこの連続性はスペイン人がくる以前の中央アメリカの文明に類するものとし、後述する中国古代のシャーマニズムの存在が政治的性格や連続性とかかわっていると推定している（B著一九九頁）。中国といえば、「中国革命」という言葉が喧伝《けんでん》され、殷周の交替も「殷周革命」等といわれ、勇ましい印象もあるが、現実は連続性のほうが注目される。この意味では、侯外廬《こうがいろ》が中国の歴史を「維新《いしん》」の歴史とした流れとつながっている。侯氏によれば、「アジア的古代は新旧混合して、旧《ふる》いものが新しいものにくっついている」（前掲訳書二〇頁）という。それは『尚書《しょうしょ》（書経《しょきょう》）』盤庚《ばんこう》上にある「人は惟《こ》れ旧を求め、器は惟れ旧を求めず、惟れ新しきをす」からとっている。「革命」の語もまた多義的であり、レボリューション（revolution）の訳にあてられるのは近代のことである。国家権力の質的転換をともなう政治革命の意味では「中国革命」が相当するが、古典の世界では「易姓革命」といわれ、徳を失った王朝が新たなものに代わることで、姓を易《か》えることを指す。「殷周革命」とはこちらの例である。

図４　反山遺跡〔良渚文化〕、玉琮（鄧聡・曹錦炎主編『良渚玉工』中国考古芸術研究中心、2015 年、35 頁）

張氏は、殷代そして先秦時代のシャーマニズムについても論じており、ユニークな点である。シャーマンは、中国の古典には巫《ふ》・覡《げき》とよばれ、神おろし等の儀式をになっていた。殷代の政治は教科書では神政政治《しんせいせいじ》（神権政治《しんけんせいじ》）等ともいわれるが、神意を聞く巫覡やその技術である巫術《ふじゅつ》の存在の重要性が、他の時代と比べても大きかった。中国では、今も「玉《ぎょく》」を首からぶらさげている人をみかけるが、ダイヤモンドや金も良いとはいえ、玉が愛されている。玉とは翡翠《ひすい》の硬玉、ネフライトの軟玉等にわかれるようで、中国では新石器時代には玉器が祭器等に使用されている。玉は殷代に特別な意味をもったとして、前代の新石器時代後期の良渚《りょうしょ》文化等でも大量の、さまざまな形状の玉器が発見されている。そのなかの玉琮《ぎょくそう》（図4参照）は角柱で中央を円形の穴が貫いているが、その形は天と地をつなげる巫の仕事を象徴するものとする。(9) 同様に殷につづく西周時代・春秋戦国時代（とくに楚《そ》国等）にも巫にかんする史料が散見している。

2　中国文明の書かれ方――日本における

二十一世紀をむかえた時、日本では新たな千年紀を展望して、世界四大文明展を開催した。四つの文明とはエジプト・メソポタミア・インダス・中国の古代文明であるが、東京と横浜の四つの美術館・博物館で同時開催後、全国を巡回した。「自然と共生しながら多くの知恵を生み出してきた中国文明」というコンセプトのもと、紀元前五〇〇〇年から紀元一〇〇〇年の約六〇〇〇年間の足跡を一二〇件程の文物とともに概観した。二〇〇〇年・二〇〇四年には中国国宝展も開催され、パンダのふるさとである中国四川省の三星堆《さんせいたい》遺跡・金沙《きんさ》遺跡の新奇な青銅器等をあつめた四川文明展ももたれた。四川の地は、古代には巴蜀《はしょく》と呼ばれていた。中国古代の展覧といえば定番は兵馬俑であり、繰り返し来訪している。日中関係はもともと歴史認識や台湾問題等で摩擦・対立はあったものの、尖閣《せんかく》諸島国有化（二〇一二年）以降、長期的な緊張が続き、二〇二〇年以降はさらに新型コロナウイルス感染症拡大防止にかかわる取組みの影響もあって相互の往来もかなわない状態にある。四大文明展の頃が懐かしくもある。

日本で近年刊行された中国文明にかんする著作では、岡村秀典《おかむらひでのり》『中国文明　農業と礼制の考古学』が考古学の新しい発掘や研究成果をふまえ、独自の議論を展開している。岡村氏は傅斯年《ふしねん》（一八九六年～一九五〇年）以来の「夷夏《いか》東西説」を再評価し、中国の東西軸の交流から読みといている。また殷西周時代に祭祀儀礼を特徴とする祭儀《さいぎ》国家が成立したと述べている。岡村氏の議論は多岐にわたるが、同書の第三章で述べられる内朝《ないちょう》（王の起居の場に近く王室行政と儀礼をおこなうところ）・外朝《がいちょう》（君主が国政をとるところ）の成立にかんする部分は、成否はともかく興味深い。夏王朝と考えられている二里頭《にりとう》遺跡では数基の宮殿基壇が発見されている。全容が明らかになっている一号宮殿と二号宮殿について、岡村氏は詳しく論じている。一号宮殿は、約一〇〇メートル四方の版築《はんちく》（土を突き固めて壁等をつくる施工技術）基壇《きだん》をもち、一〇〇〇人以上収容できる中庭や三つの通路を有する南大門（中央は王の通路、両側は臣下の通路）、さらに宮城の南に宮城門がある。さながら現在北京でみる故宮《こきゅう》（紫禁城《しきんじょう》）のような構造をそなえているという。宮城門は天安門に相当する。この一号宮殿は、外朝であり、王と臣下との君臣関係が確認される宮廷儀礼がおこなわれたと推定されている。二号宮殿は内側に位置し、一号宮殿の四分の一ほどの大きさで、南門の通路も一本しかないらしい。二号宮殿は内朝とされている。

岡村氏は別にこの宮殿をつくるにあたっての労働力についてまとめている。このことは、公権力の組織化について、示唆的である（岡村前掲『中国文明』八六頁。この部分は岡村『夏王朝』〔学術文庫版〕一四七～一四八頁にもみられる）。

一号宮殿基壇版築はおよそ二万立方メートル、かりに一人が一日に〇・一立方メートルの版築を仕上げると、のべ二〇万人、一日に一〇〇〇人の労働者を動員しても、二〇〇日を要する大工事である。土を突き固めるだけでなく、ほかの場所から土を運んでくる作業などを考えると、全体に費やされる労力には想像を絶するものがある。

人びとが野生の植物を栽培化する過程、農耕の起源もまた、文明起源の研究では主要な関心事項であるが、その点については、岡村氏とともに日本の中国考古学を代表する宮本一夫氏の『中国の歴史1』（講談社）から近年の動向をみていく。一般に知られる事項であるが、中国は南北で栽培作物が異なり、主食は今も北はコムギを主としたマントウや麺類を食べ、南ではコメを食べている。こうした南北の差は農耕のはじまりにあたる新石器時代にもすでにみられ、華北はアワ・キビが栽培され、華中ではイネが栽培された。通常、新石器時代とは、磨製《ませい》石器を使用した時代を指すが、中国では紀元前一万三〇〇〇年頃とされ、前八〇〇〇年頃長江中下流域においてイネの栽培がはじまり、黄河中下流域から中国東北部においてアワ・キビが栽培された。筆者が中国古代史を大学で学び始めた頃（一九九〇年代後半）は浙江《せっこう》省余姚《よよう》市の河姆《かぼ》渡《と》遺跡が紀元前五〇〇〇年頃の稲作農耕の遺跡として、高床式住居等とともに、注目されていた。農耕への視座は定住や調理・貯蔵の土器の使用等とかかわり、文明の議論の出発点である。国家形成の観点からは、遊牧民（遊牧とは牧畜の一種で、定期的に牧草地をかえて移動する形態を指す）の国家形成、遊牧国家との比較に興味がもたれる。宮本氏もまた農耕社会と牧畜型農耕社会（遊牧社会）の相互接触を重視している。南北の軸を強調する点は、さきの東西の軸を評価する岡村氏との違いである。

ここまで保留してきたが、「初期国家」という概念について、ふれておく。岡村氏も宮本氏もともに都出比呂志《つでひろし》氏の指標を参照しているところはあるが、ここでは宮本氏にそって考え方をみておきたい（図5参照）。都出氏は日本考古学の研究者であり、国家形成の理論的検討にかんする論文を収録する『前方後円墳と社会』（二〇〇五年）のほか、一般向けには『古代国家はいつ成立したか』（二〇一一年）、『古代国家の胎動――考古学が解明する日本のあけぼの』（一九九八年）等の著作がある。都出氏は文化人類学のなかでも新進化主義の立場に立つとされるE・サービスやM・

①階層社会である。
②階層社会が成立しうるほど多くの人口を擁する。
③社会に恒常的余剰がある。
④血縁でなく地域原理に基づく成員を基礎とする。
⑤中央政府を持つ。
⑥社会の分裂を回避しうる強制力を持った政府を有する。
⑦支配の正当性を支える共同イデオロギーを持つ。

図5　初期国家の指標　都出 1991 より

サーリンズの研究にもとづき、人類社会の進化をバンド社会・部族社会・首長制社会・原初国家の四段階とする説明を参考にしている。サービスらを受け、H・クラッセンらは首長制社会の次の段階に「初期国家」の段階を提唱している。クラッセンらの五十一の指標をあげながら、それを七つの特徴にまとめている（都出『前方後円墳と社会』五三頁）。

それをふまえると、宮本氏によれば、後述する陶寺《とうじ》遺跡等、新石器時代後期を代表する遺跡は、①〜③、⑤をみたす可能性はあるが、⑥・⑦をみたさず、陶寺文化は初期国家段階には達しておらず、首長制社会の段階にとどまると判断している。一方、夏王朝に相当するとされる二里頭文化段階には、⑥と⑦も考古学的な証拠として青銅器の広がりがあり、条件をみたすとされる。青銅器は祖先祭祀に使用するものであり、中心地から離れたところにも浸透することから⑥と⑦もみたしたものと考えられている。青銅器を受け入れた側としては、威信財として機能したとみられる。ただし、張光直《ちょうこうちょく》氏以来の指摘もあるが（「殷周青銅器から文明と国家の起源を語る」原載一九八七年、B著所収、一六九頁参照）、④は中国では整わない面もあり、血縁ではなく地縁原理にもとづくとすれば、中国では戦国時代を待たなければならない（紀元前五世紀半ばから）。これを殷西周は擬制的血縁関係であるとか、ほんとうは地縁が主であるといってみても、先秦を通じて血縁のつながりが強いことは間違いない。春秋戦国時代の史料にも認められるもので、そこを古典理論にこだわらず宮本氏のように「中国の初期国家は氏族制が解体しないまま、そのほかの初期国家の要件を備えた世界的にも特殊な初期国家であった」といった方が通りは良いだろう[10]。

最後に国家形成とのかねあいで、日本の研究動向で紹介する必要があるのは、「邑制《ゆうせい》国家」論である。日本の中国古代史の議論で生み出された用語というのは、人類学や社会学等他の分野の専門家が聞くと、疑問符がつくものもある。三族制《さんぞくせい》家族や任侠《にんきょう》的結合等、かならずしも他の領域・分野の方にはなじみのない言葉が使用されている。それは史料用語を活用した術語《じゅつご》（テクニカルターム）という点にもよるだろう。「邑制国家」を具体化したものでは、松丸道雄氏の説明が広く知られている。殷周時代の国家構造について、松丸氏は甲骨文・金文を史料に、王朝の首都たる「大邑《だいゆう》」のもとに、氏族邑としての「族邑《ぞくゆう》」がこれに従属し、さらにその下に多数の小さな「属邑《ぞくゆう》」が存在して、累層的な構造をもっていたと説明している。ピラミッド型の邑相互の関係に着目したもので、その秩序は王室の祖先祭祀であったという。これはギリシア・ローマの「都市国家」とは、ピラミッド型の累層関係等において異なるものとされている。以上の説明は、松丸氏が一九七〇年に発表した論文に収録されるものであるが、その後、考古発掘の進展をふまえ、二〇〇一年の段階に次のように改訂をはかっている。

大邑（王城）［数百ヘクタール］―大族邑［数十ヘクタール］―小族邑［数ヘクタール］―属邑

これは殷代の四段階であり、「大邑（殷周王室）―族邑―属邑」から一段階増えている。一段増えた理由は中国の新石器時代後期の文化で、紀元前二五〇〇年頃から前二〇〇〇年頃とされている龍山《りゅうざん》文化（龍山時代）に多くの遺跡が発見され、城郭聚落《じょうかくしゅうらく》の規模や累層関係（ランクとネットワーク）等が明らかになってきたことにもとづく。もともと一九七〇年代までは、一般的に新石器時代といえば、仰韶《ぎょうしょう》文化・龍山文化が少し知られるくらいであった。龍山文化とは一九三〇年代に山東省章丘《しょうきゅう》県龍山鎮《りゅうざんちん》の城子崖《じょうしがい》遺跡から大量の黒陶《こくとう》が発見されたことから、「黒陶文化」として、彩陶《さいとう》を特色とする仰韶文化と区別する形で命名された。その後、地域的な区別も明らかになり、河南龍山文化・山東龍山文化・陝西《せんせい》龍山文化・湖北龍山文化・杭州湾龍山文化等と呼ばれたが、現在では湖北龍山文化は石《せっ》家河《かが》文化、杭州湾龍山文化は良渚《りょうしょ》文化と呼ばれている。この石家河遺跡からは一三〇〇メートル×一一〇〇メートル、面積七九ヘクタールの城郭遺跡が発見されている（自然の地形を利用して城郭がつくられているため、平面は不規則である）。このようにすでに新石器時代後期に大型の城郭遺跡があらわれてきたこと、そして殷代初期に使用された鄭《てい》州商城《しゅうしょうじょう》及び偃師《えんし》商城の城内面積は約三〇〇ヘクタール・約一九〇ヘクタールであり、こうした展開をふまえた修正とみられる（鄭州商城と偃師商城は本書三九頁参照）。ただし、この邑制国家論も、筆者からみれば、公権力の視点から再構成する必要があるように思われる。

3　蘇秉琦氏の場合

本書執筆の機縁となったひとりである、蘇秉琦《そへいき》氏は一九〇九年、中国河北省に生まれ、国立北平師範大学（現在の北京師範大学）歴史系（歴史学部）を卒業し、その後、国立北平研究院において考古発掘や研究にあたってきた。蘇氏は『中国古史的伝説時代』の著作のある徐炳昶《じょへいちょう》（徐旭生《きょくせい》の名で知られる）のもとで、陝西省宝鶏闘鶏台《ほうけいとうけいだい》の調査発掘にあたっている。この地で墓葬の遺物整理の経験をつみ、それは「瓦鬲《がれき》の研究」という記念碑的な論文に結実した。一九四九年に中華人民共和国が成立して以後、北平研究院は中国科学院に吸収され、蘇氏は中国科学院の考古研究所に所属し、一九五二年より一九八二年まで北京大学の教員を兼務した。文化大革命の時期は辛酸をなめたが、文革後は、後述の学説・理論を発表し、中国考古学界をリードしてきた。蘇氏は一九九七年に亡くなるが、筆者がとりあげる『中国文明起源新探』は病床にあって口述された著作であり、協力した郭大順《かくだいじゅん》氏の日本語版序には執筆の経緯がまとめられている。本書刊行後まもなく蘇氏は永眠し、同書は生前最後の著作である。

蘇秉琦氏の研究は、「考古学文化区系類型学説」を用い、中国古文化について新たな認識を切り開いてきた点にひとつの特色をみることができる。この「区系」の「区」について原文は「塊塊」という言葉を使い、「系」は同じく原文では「條條」と、「類型」とは分文であるという。これは生態学の名称と理論を借用したものとされ、地球をひとつの全体として、千差万別な様相とその相互関係をしめすものである。[11]

蘇氏はこの考古学文化区系類型学説にもとづき、中国全土を六大区系に区分している（図6参照）。

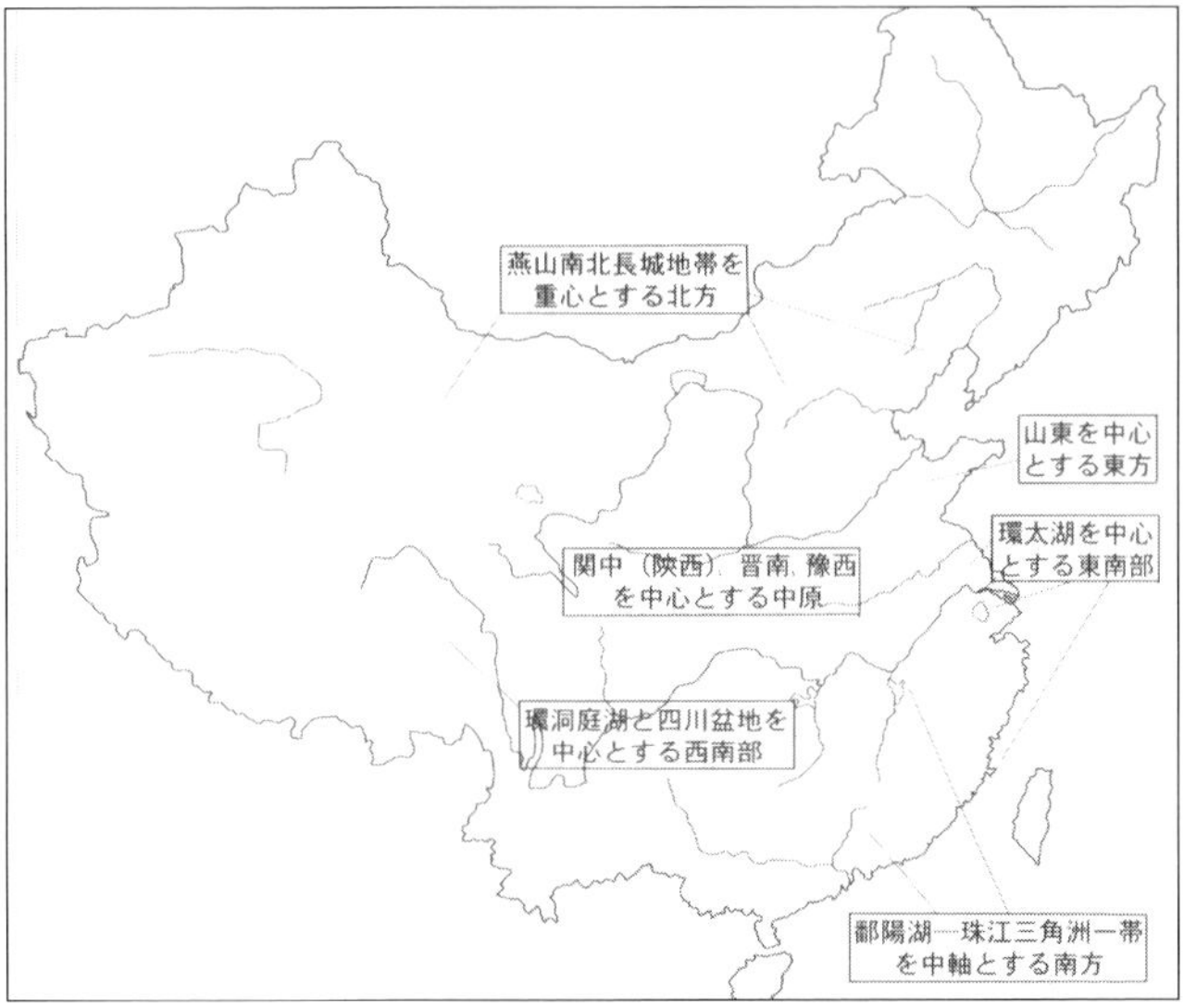

図6　六大考古学文化区系の説明図（蘇著訳書34頁）

一　燕山《えんざん》南北の長城地帯を重心とする北方
二　山東を中心とする東方
三　関中《かんちゅう》（陝西）・晋南《しんなん》・豫西《よせい》を中心とする中原
四　環太湖《かんたいこ》を中心とする東南部
五　環洞庭湖《かんどうていこ》および四川盆地を中心とする西南部
六　鄱陽《はよう》湖―珠江《しゅこう》デルタの線を中軸とする南方

蘇秉琦氏によれば、この考え方を最初に提出したのは、一九八一年とのことであるが、一九五〇年代からの議論を通じて成熟させてきた考え方である。[12] 本書では、誌面の都合と筆者の調査経験もふまえ、一の燕山南北の長城地帯を重心とする北方を主に蘇著を読み解いていく。

燕山南北の長城地帯に視線が注がれるようになったのは、一九八〇年代以降のことといってもよいだろう。仰《ぎょう》韶《しょう》文化は一九二一年にスウェーデンの地質学者アンダーソンにより河南省澠池《めんち》県仰韶村において遺跡が発見された。その後も仰韶村の属する三の関中（陝西）・晋南・豫西を中心とする中原は、考古発掘が活発に進められてきており、それに比すれば、燕山南北の長城地帯を重心とする北方に光があてられるようになったのは、比較的新しいことである。蘇氏によれば、一九八二年から一九八六年にかけて北方地区の考古にかんする学術検討会がもたれ、「燕山南北長城地帯の考古」という専門課題が提起された。その中心地は、遼西区《りょうせい》と内蒙古《うちもうこ》中南部である。遼西区とは、北は西拉木倫《シラムレン》から南は海河《ハイホー》（天津に合流して渤海にそそぐ河）に至り、東は遼河《りょうが》に及ばず、西は河北省張家口市《ちょうかこう》一帯の範囲である。張家口は二〇二二年の冬の北京オリンピックに際し、スキー競技が同地で開催されていたことからご記憶される方もおられるだろう。内蒙古中南部とは、西部の河套《かとう》地区と東部の河曲《かきょく》地区（岱海《たいかい》地区をふくむ）である。この地区は古代から農業・牧畜に適した地域として、農牧境界線にもあたっている。遼西区には二種類の新石器文化――紅山《こうざん》文化と富河《ふうが》文化――と二種類の青銅器文化――夏家店下層《かかてんかそう》文化と夏家店《かかてん》上層《じょうそう》文化――が重なりながら存在していた（本書五頁の表1参照）。『史記《しき》』の夏本紀《かほんぎ》にも引用される『尚書《しょうしょ》』の禹《う》貢《こう》篇は中国最古の地理書といわれるが、中国全土を九州に分けている。すなわち、冀州《きしゅう》・兗州《えんしゅう》・青州《せいしゅう》・徐州《じょしゅう》・揚《よう》州《しゅう》・荊州《けいしゅう》・豫州《よしゅう》・雍州《ようしゅう》の九つである。その筆頭が、冀州であった（図7参照）。遼西区と内蒙古中南部はおおむね冀州に属している。禹貢の冀州には「厥賦惟上上錯、厥田惟中中（厥《そ》の賦《ふ》は上《じょう》の上《じょう》にしてるとす。厥《そ》の田《でん》は中《ちゅう》の中《ちゅう》惟《た》り）」とあり、田の等級は中の中であるが、賦税《ふぜい》は上の上で最上級である。

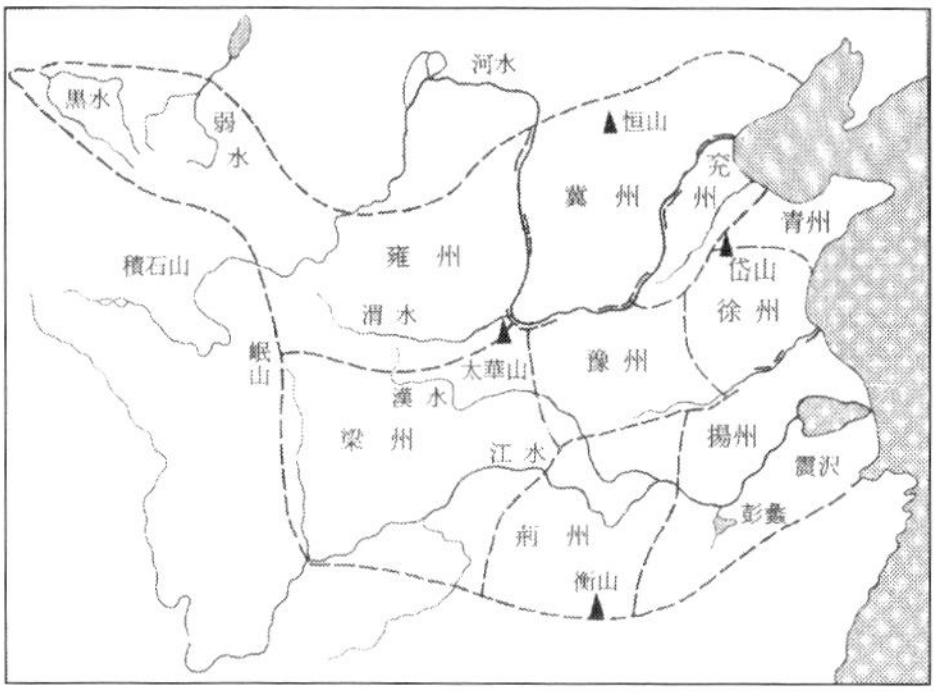

図7　禹貢の九州　李長伝『禹貢釈地』（中州書画出版社、1982年）より岡村氏が一部改変したもの（岡村秀典『夏王朝』学術文庫、48頁）

この点について、蘇氏は燕山南北地帯の土壌が沙質土壌で同地出土の大型石器でも開墾ができたこと（中原の比較的硬い黄土や南方の紅色土壌とは異なるという）をあげ、社会の発展が早かった背景としている。さらに農業・牧畜の交錯地帯という特徴から税収の高さを読み解き、「重要なのは土質が肥沃か否かの問題ではなく、多種の経済が互いに補い合って、うまれた繁栄昌盛こそ中華大地を照らす最初の文明曙光《しょこう》を齎《もた》

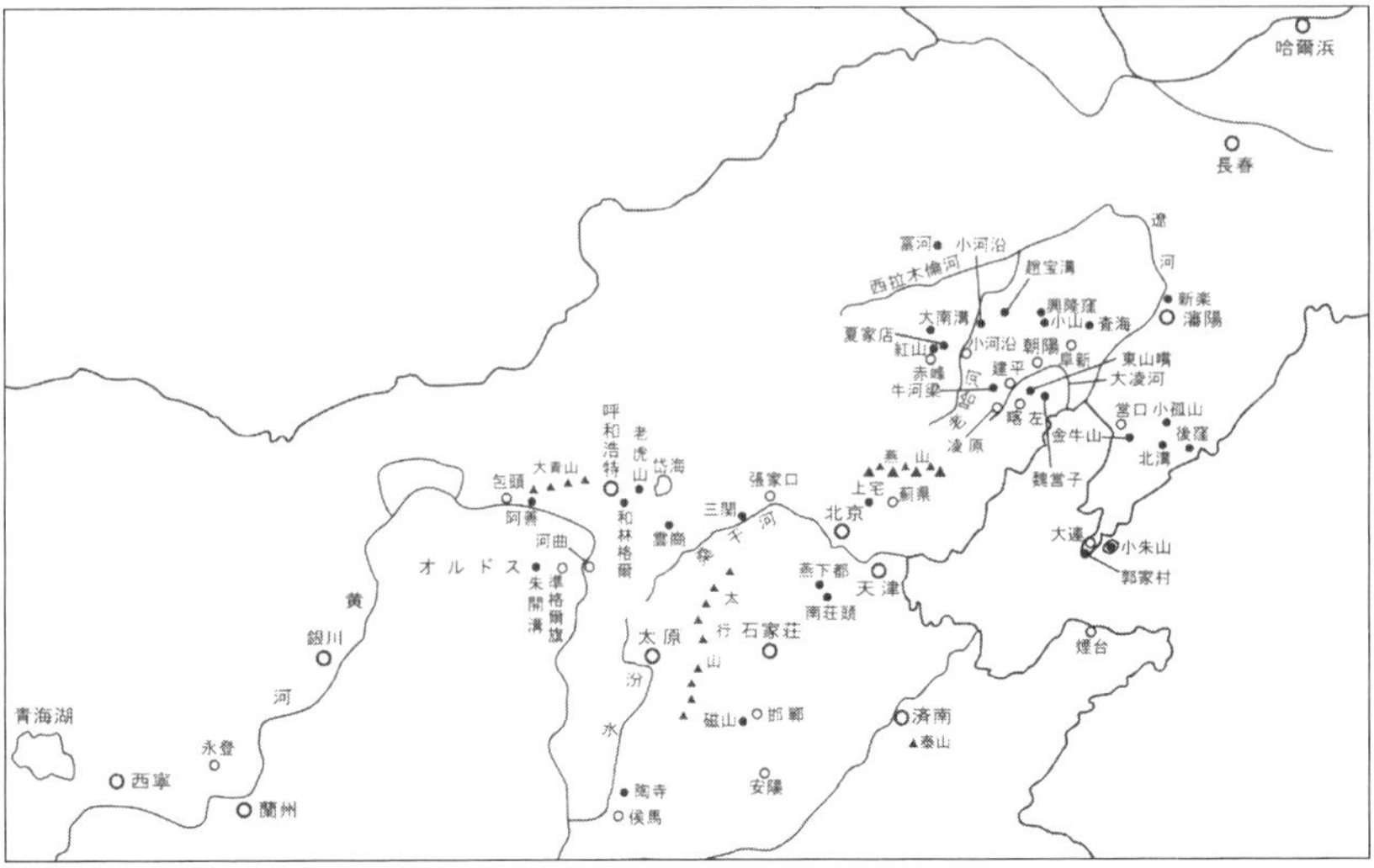

図8　文化区系中の北方区系説明図（蘇著訳書39頁）

したのである」（蘇訳書一二六頁）とあり、意味深長である。蘇氏の国家起源の考え方は、すでにエンゲルスの『家族・私有財産及び国家の起源』の指標からは離れている（その点は第三章「解悟と頓悟」からうかがえる）。蘇氏は生産力とともに、接触や交流、相互影響関係を重視しているとみられる。

この北方地区における紅山文化においては、一九八〇年代に注目の発見があった（図8参照）。紅山文化は新石器時代中期にあたり、前期には興隆窪《こうりゅうわ》文化、そして中期の趙宝溝《ちょうほうこう》文化のあとに続き、急速に成長したようである。すでに興隆窪文化において初期農耕の開始や環濠集落の出現、玉製品の使用が指摘されている（宮本一夫『中国の歴史1』二〇八～二一一頁）。紅山文化には、二つの祭祀センターがあったといわれている。ひとつは、遼寧《りょうねい》省凌源《りょうげん》市牛河梁《ぎゅうがりょう》遺跡であり、もうひとつは遼寧省喀左《かくさ》県東山嘴《とうざんし》遺跡である。牛河梁遺跡は、約五〇平方キロメートルの範囲に広がり、女神《じょしん》廟や積石塚《つみいしづか》、大型の祭壇そして精巧な玉器により、何らかの宗教的行為がおこなわれていたと考えられる。とりわけ女神廟からは頭像等が発見され、眼にはトルコ石が象嵌《そうがん》される等（図9）、「これらの考古発見は原始氏族制度が包含し解釈できる内容をはるかに超え、すでに氏族制度を突き破った新しい概念が出現し、中国には早くも五〇〇〇年前に共同体〔原文は、公社〕に根を下ろし、また共同体を凌駕《りょうが》する一段と高級な社会組織が生まれていたことを物語っている」（蘇訳書一〇七頁）と評価している。さらに玉器の生産は社会の分業をしめしている（図10参照）。玉器は一般の氏族構成員がだれでも身に着けられるものではなく、礼器性を備えている（蘇訳書一三四頁）。これは蘇氏の文明の起源は社会分業から話すべきである（同一二〇頁）との考えにもとづくものである。

蘇秉琦《そへいき》氏の独創性は、多岐にわたるが、第一にこの紅山《こうざん》文化が他地にさきがけ、紀元前三〇〇〇年頃に「古《こ》国《こく》」の段階に進んだとする点ではないだろうか。この「古国」とは、蘇氏が一九九四年に発表した中国の国家起源にかんする発展の三部曲《ぶきょく》（三段階）「古国—方国《ほうこく》—帝国」のひとつである。この「古国」の提案に際し、「古文化・古城・古国」の三過程をしめし、古文化は原始文化、古城は城郭をもつ中心聚落、古国は部落以上の安定的で、独立した政治実体を指す、とのことである。蘇氏は陶器の型式分類と陶器の図案から花と龍の結合を、三袋足《さんたいそく》器《き》の発生を指摘した（蘇訳書一六四頁）。玫瑰《ローズ》等の花卉《かき》図案を特徴とする仰韶文化廟底溝類型《びょうていこう》（訳書二四〜二六頁）と紅山後類型の龍形図案の彩陶《さいとう》は河北省西北部で出会い、大遼河《だいりょうが》上流で融合し、龍紋と花の結合がみられるという。三袋足器は仰韶文化の特徴である尖底瓶《せんていへい》、河套地区（阿善《あぜん》遺跡を代表とする）の蛋形瓮《たんけいおう》が結合して三袋足器の誕生を誘発したという（同四八頁）。筆者にはその当否を判断するのは難しいが、文化の出会いと融合にかんする議論は魅力的である。

図9・10　女神の頭像と玉龍（郭大順『紅山文化』文物出版社、2005年、彩図二・彩図七）

蘇秉琦氏の説において、三部曲とならび提示されているのが、発展模式（モ

図11　紅山文化先住民村（友人の趙容俊氏＝右、下田＝左）

デル）の「原生型《げんせいがた》・次生型《じせいがた》・続生型《ぞくせいがた》」の三類型である。三模式《もしき》は、中国国家起源の過程の各々異なる具体的な道筋にたいする一種の概括とされる（蘇訳書一六一頁）。「原生型」とは、分業により階級が生じ、社会分業により社会分化がもたらされる。これは氏族から国家誕生に至る一般的な道筋であるとされ、燕山《えんざん》南北地区が該当する。「次生型」とは、陶寺《とうじ》から夏商周まで、中原地区が該当するが、中原地区は北方地区をモデルに、その影響下に第二次の階級分化が生じたものである。最後に、「続生型」は、北方草原民族で秦漢以降に中原に入った鮮卑《せんぴ》・契丹《きったん》・清を代表とするもので、中華多民族統一国家の形成に寄与したものとされている。

　たしかに王震中《おうしんちゅう》氏も述べるように、蘇氏の国家理論には、厳密さに欠ける点はあるといえる。論理的にかためられたものというよりは、主観的な面も見受けられる。一方、親しみやすい表現で、考古学文化区系類型学説とともに、現場で考古発掘にあたる考古学者等に希望を与えたことも間違いないものと考える。自らの発掘にあたる地域が中国文明にたいして独自の位置づけや役割・意義をもつと確信がもたれた意味は計り知れない。つまり、中原中心ではないのである。また、外国史として取り組む私たちが、中華民族多元一体構造等の土俵にのる必要はないと考えている。かといって、一概に批判をすることや呆《あき》れる必要もない問題と筆者は受け止めている。中華人民共和国における国民統合の問題の難しさは、疑いのないところである。蘇氏は考古学文化の動態的分析について、考古学方法論の中に問題の解決を見出している。

　すべての考古学文化はみな絶えざる変化と発展の中に形成されたものであるから、考古学文化を一種の運動性のある物質と見なし、運動性のある物質（即ち考古学文化）の定量分析から手をつけ、その運動法則を見つけるべきである（訳書二一頁）。

これは一九五〇年代以来、中国の歴史の単純化、教条主義と対峙してきた蘇氏の方法的立場であり、「唯物弁証《ゆいぶつべんしょう》法《ほう》の指導のもとに形成された考古学の具体的な研究方法である」というマルクス主義との向き合い方である。なお、このことはよく知られていることであるが、蘇氏の「方国《ほうこく》」概念は、中国の歴史学・考古学の一般の研究者と使われ方が異なる。一般に「方国」とは殷の周辺勢力に対し「方国」と称し、周もまた、最初は殷に対抗する「方国」であった。蘇氏は夏殷周や三星堆、燕《えん》等を「方国」としているが、これはやはり「王国」等と使い分けるほうがよいだろう。その上で、陶寺《とうじ》遺跡を「古国」としつつ（陶寺遺跡については第二節第六項参照）、良渚《りょうしょ》文化と夏家店《かかてん》下層《そう》文化を「方国」の典型と認識すべきという。このあたりの妥当性が次の課題ではあろう。

筆者にとって、紅山文化は印象深く、一〇年前の写真であるが、当時の訪問調査を振り返っている。遺跡を歩いていると、土器片等も落ちていて、手にしては色合いを気に入っていた（図11）。

4　殷代の概要

つぎに王震中《おうしんちゅう》氏の文明・国家起源のとらえ方をみていく。王氏は近年『中国古代国家的起源与王権的形成』（中国社会科学出版社、二〇一三年）を刊行しており、本書は中国社会科学院歴史研究所の王氏のもとで訪問学者として北京に滞在していた柿沼陽平氏による訳書が刊行されている（王震中著・柿沼陽平訳『中国古代国家の起源と王権の形成』汲古書院、二〇一八年）。以下、本書・翻訳書に沿って、著者の理解をしめしていく。蘇秉琦氏は議論の重心が新石器時代、夏王朝《かおうちょう》といわれる二里頭《にりとう》文化期以前に集中していた。王氏の著書を検討するのにあたっては、新石器時代をふ

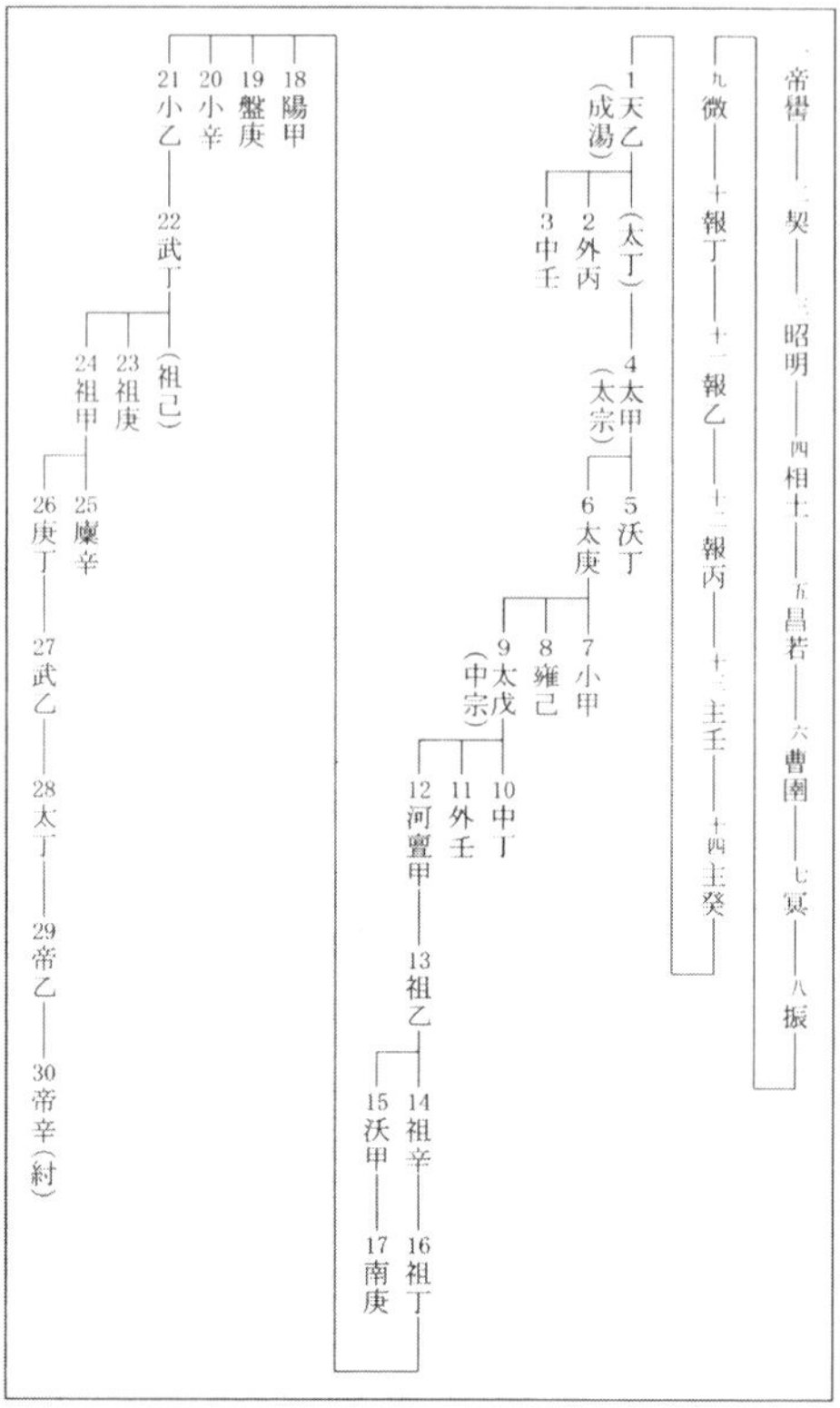

図12　『史記』殷本紀にもとづく殷王室世系（『中国史1』山川出版社、110頁）

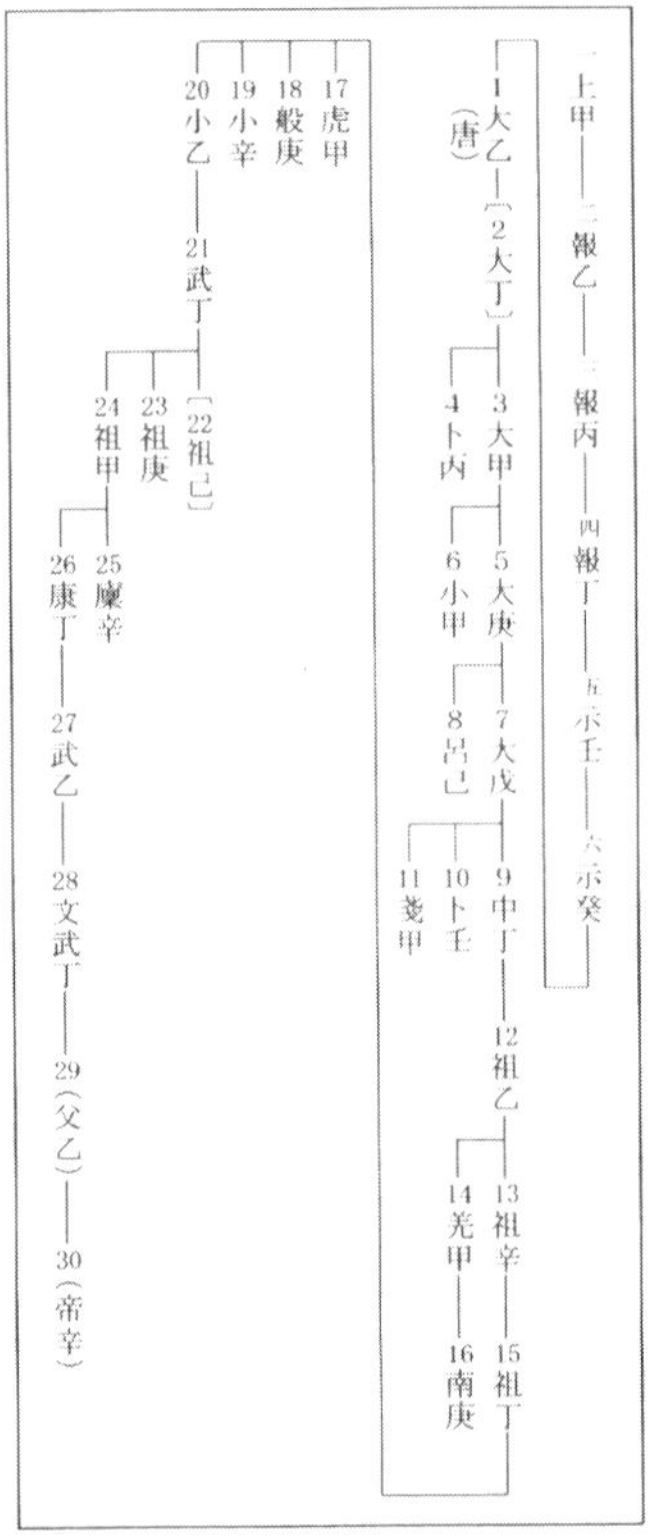

図13　甲骨文によって訂正した殷王室世系（『中国史1』山川出版社、111頁）

まえつつ、夏殷周《かいんしゅう》三代を主に、とりわけ夏・殷に対する見方を検討し、王氏の議論の特色を把握する。読者の便のために、さきに殷（商）にたいする一般的な理解をしめしておきたい。

殷とは紀元前十六世紀から紀元前十一世紀中ごろ、出土文字資料により存在を確認できる最古の王朝といわれている。『史記《しき》』では湯《とう》王《おう》（文献では「成湯《せいとう》」とも記される）から帝辛《ていしん》にいたる三〇代を記録する（図12参照）。甲骨文字には湯王は「唐」「大乙《だいいつ》」と記され、最後の帝辛は、一般には酒池肉林《しゅちにくりん》にふけったと伝えられる紂王《ちゅうおう》を指す。殷のことを中国では一般に「商《しょう》」と呼んでいるが、これは殷と商、どちらが正しいというのは難しく、甲骨文字には自称で

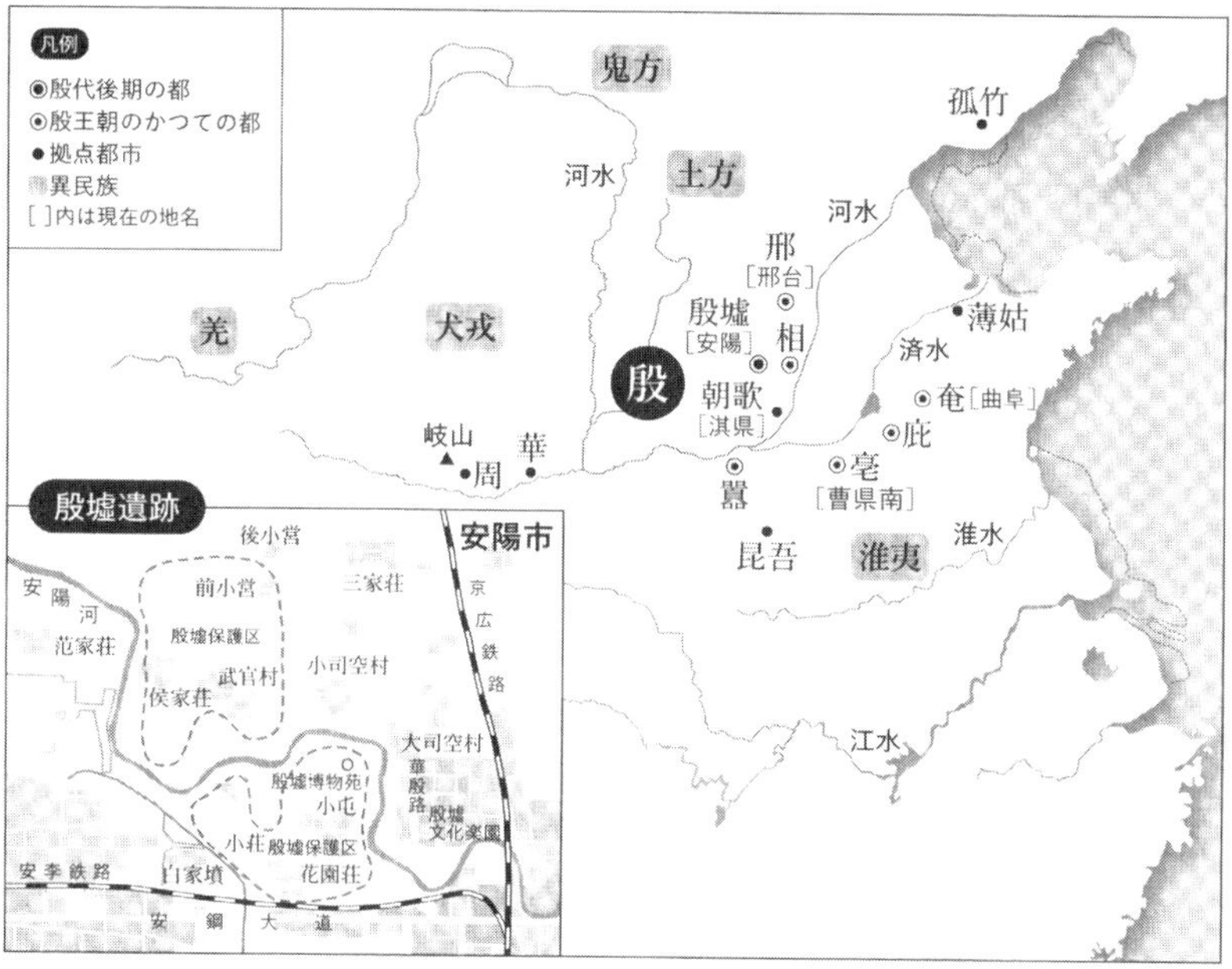

図14　殷代の情勢（稲畑耕一郎監修・監訳『中国の文明1上』潮出版社、291頁）

「商」「大邑商《だいゆうしょう》」「天邑商《てんゆうしょう》」といった記載がみえる。「殷」の文字は、西周金文に周にとっての相手の名称としてあらわれる。『史記』の巻名では「殷本紀」と「殷」が採用され、その後長く「殷」の王朝名で親しまれてきた[13]。ただし、注意を要するのは、甲骨文字とは殷代後半の資料であるということである。図13（甲骨文によって訂正した殷王室世系）の二十一代目の武丁から三〇代目の帝辛までの事績を伝える史料である。そのため殷前期・中期も「商」や「殷」であったのかはかならずしも判然としない。

甲骨文字について簡単に紹介すると、一九世紀末に発見されて以降、一九二〇年代から三〇年代にかけてたびたび発掘され、その段階で二万五千ほどの甲骨片が発見された（現在一〇万片近く発見といわれる）。最初に甲骨を見出したのは王懿栄《おういえい》という人物で、国《こく》子監祭酒《しかんさいしゅ》という職にあった。かれは持病の治療の関係でとりよせた「龍骨《りゅうこつ》」に文字が記されていることに気づいたという。この甲骨の発見地は、その後、河南省安陽《あんよう》市の西北を流れる洹河《えんが》近くの小屯《しょうとん》村であることがわかった（図14参照）。甲骨文の内容をみてみると、自然神や祖先神に王室の祭祀や軍事、農事、狩猟、天候等のさまざまな事象をたずねた占いの記録である。

殷代は甲骨文字のない時期は王在位期間の平均年数等で存在する期間を算定しており、およそ正確なところはわからない。かりに五五〇年ほど続いたとしたとき、系図自体がすでに議論のあるところであるからはっきりしたことは述べにくいが、大きく三つの時期に分けると殷前期・中期・後期となる。前期は初代の大乙（成湯）から、中期は中丁《ちゅうてい》をへて、そして後期は第十八代の盤庚《ばんこう》から滅亡の紂王（帝辛）までというのは大きな誤りもないだろう。甲骨文は前述のとおり、この盤庚の三代あと、第二一代（『史記』では第二二代）の武丁《ぶてい》からの時期のものとなる。この盤庚以前は、たびたび遷都がおこなわれていたという（図15参照）。盤庚以降、河南省安陽の地の「殷墟《いんきょ》」に遷都したと考えられている。殷墟は東西約六キロ、南北約五キロ、面積約三〇平方キロメートルの範囲に、宮殿・宗廟区、王陵区、居住区・墓地、青銅器鋳造・土器骨器の製造の工房等が発見されている。侯家荘《こうかそう》（西北岡）の王陵区には八基の大型亜字形墓があり、武丁以下の第三〇代の帝辛にいたる王のものに比定されている。いずれも盗掘を受けており、どの王のものか特定するのは難しい。規模感をしめせば、殷墟で発掘された墓は七〇〇〇基以上、車馬坑三一基という[14]。王墓がほとんど盗掘されているので、一九七六年に発掘された婦好《ふこう》墓を参考にすると（婦好は武丁の妻の一人とされている）、青銅器四六〇点、玉器七五五点という大量の副葬品を出土している。王墓も未盗掘であれば、相当の量の遺物で満たされていたであろう。

殷代は前期・中期は文字資料がないため、わからないことも多いが、鄭州商城《ていしゅうしょうじょう》と偃師商城《えんししょうじょう》が知られている（図16・図17参照）。年代測定により紀元前十六世紀頃とされている。鄭州市にある鄭州商城は城壁の周囲が七キロメートルに及び、その外側にも城壁がある（一般に中国史では内城・外郭と呼ばれる）。城壁の厚みは一〇メートル以上あり圧巻である。偃師商城は二里頭遺跡の東約六キロメートルのところに築かれており、夏王朝にらみをきかせる位

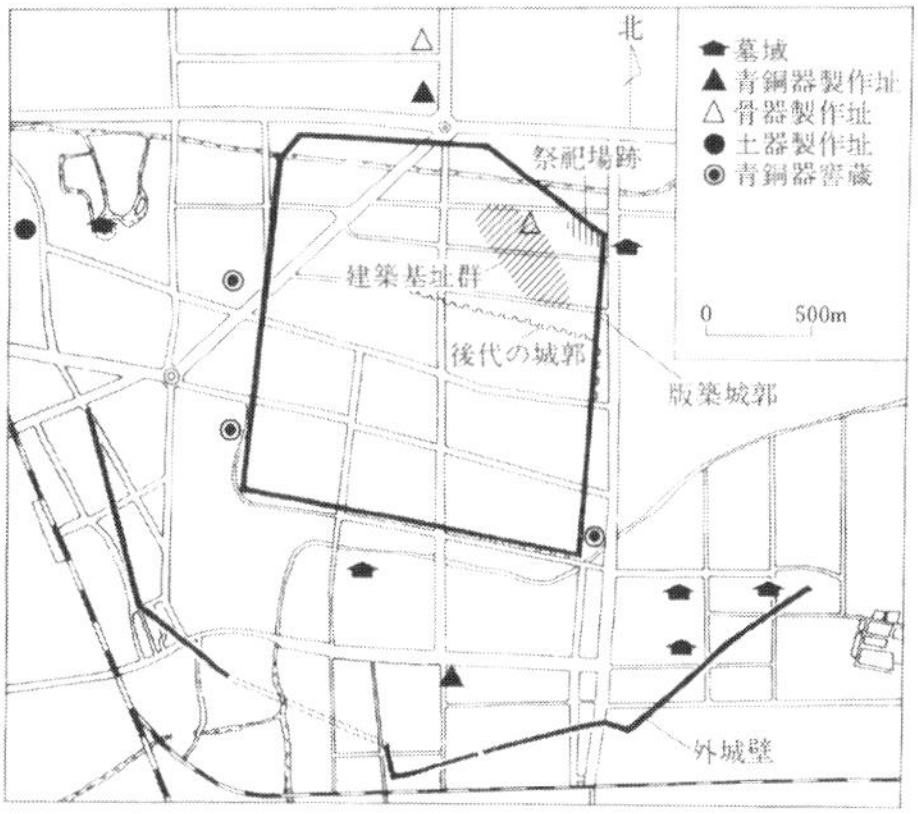

図 17　鄭州商城　西江氏が裴 1993 年より改変したもの（『中国の考古学』169 頁）

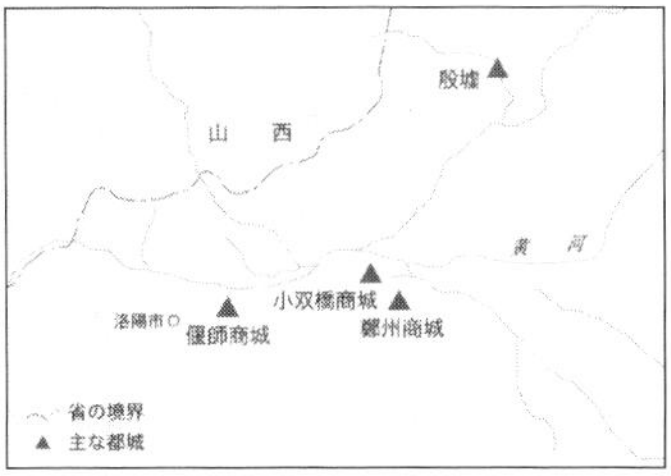

図 15　殷王朝の主な都城の位置（『図説中国文明史 2』9 頁）

時代＼地域		河南中部	河南北部～河北南部
新石器時代		王湾 3 期文化	後岡 2 期文化
夏代		新砦文化（二里頭文化 1 期） 二里頭文化 2 期 二里頭文化 3 期 二里頭文化 4 期	先商文化
殷代前期		二里岡下層文化 1 期 二里岡下層文化 2 期 二里岡上層文化 1 期	
殷代中期	中丁	白家荘期（二里岡上層 2 期）	
	盤庚	洹北商城前期 洹北商城後期	
殷代後期	武丁……紂	殷墟文化 1 期 殷墟文化 2 期 殷墟文化 3 期 殷墟文化 4 期	

表 3　新石器時代後期から殷代の文化編年（宮本一夫『中国の歴史 1』学術文庫、341 頁）

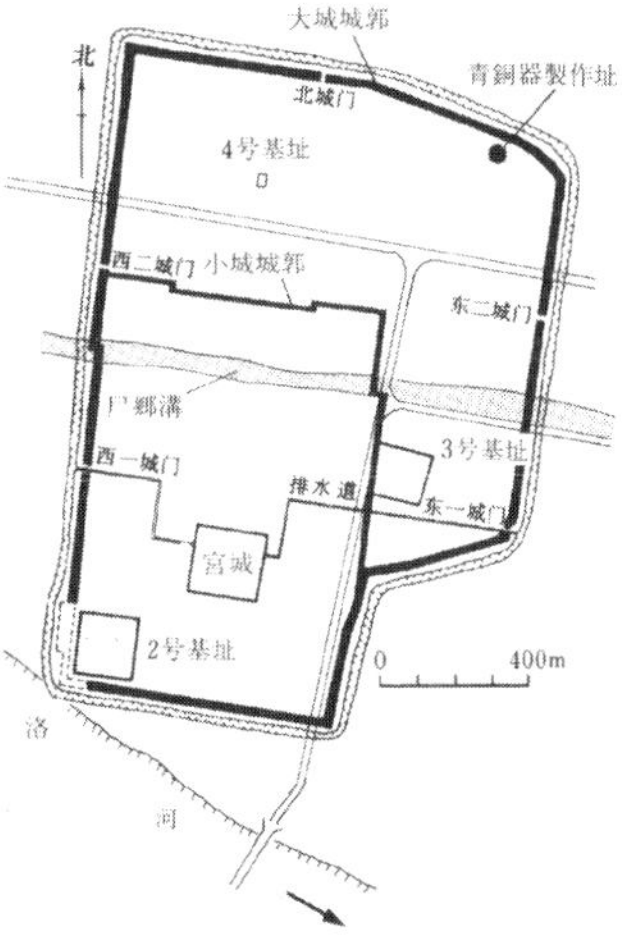

図 16　偃師商城　西江氏が中社河南第二工作隊 1999 年より改変したもの（『中国の考古学』171 頁）

置にある。二つの城からは宮殿跡のほか、青銅器・土器等が発掘されている。偃師商城・鄭州商城いずれが文献にみえる成湯の亳《はく》であるかといった議論はあるとはいえ、いずれも殷代前期を代表する城である。

ただし、この偃師商城・鄭州商城と、殷墟との間には断絶もあり、そこをつなぐ遺跡として、一九九〇年以降発見された河南省鄭州市の小双橋《しょうそうきょう》遺跡と殷墟の北一・五キロの洹北《えんぼく》商城が注目されている（図15・表3参照）。前者からは建築遺構《いこう》や動物犠牲等の祭祀遺構、青銅器鋳造遺構がみつかり、殷代中期の中丁が遷都した都、隞《ごう》ともいわれる。後者からは大城壁や宮殿跡が発見され、十八代目（史記の十九代目）の盤庚《ばんこう》の築城になるものとする説もある。

現在の殷または夏殷周三代の研究の焦点のひとつには、三代それぞれに先立つ文化の探究であり、それぞれ夏にさきだつ王湾三期《おうわんさんき》文化、殷にさきだつ先殷《せんいん》文化（先商《せんしょう》文化）、周にさきだつ先周《せんしゅう》文化の探究がつづけられている。

5　王震中氏の場合——夏王朝・殷代

王震中《おうしんちゅう》氏は、殷《いん》の一族が勃興《ぼっこう》し、夏王朝《かおうちょう》を倒すまでの国家形成過程を次のように描写している。

> 先商《せんしょう》社会形態の変遷は、まず王亥《おうがい》（下田補：図12の「八振」に比定）と上甲微《じょうこうび》（「九微」）の時期に、中心聚落形態（首長制）から邦国《ほうこく》（つまり初期国家）に変化する過程をへた。そののち、成湯《せいとう》時期（下田補：図12では算用数字1の天乙、夏王朝を滅ぼした湯王《とうおう》のとき）に商が夏を滅ぼしたのにともない、さらに邦国から王国へとむかった（訳書六八七頁）

ここで王氏がいう「邦国」や「王国」とはいったいどのような存在なのか、気になるところであるが、殷からさらにさかのぼって、いわゆる「夏王朝」の時代の様子をみていくこととする。夏王朝の時代には、殷の甲骨のような、同時代の文字資料が基本的に存在しない。先秦史研究における一般的な理解として、夏王朝の事績は中国の春秋戦

図19　饕餮文の例：亻扁缶簋（泉屋博古館所蔵）

図18　考古中華展（首都博物館、2010年8月30日下田撮影）

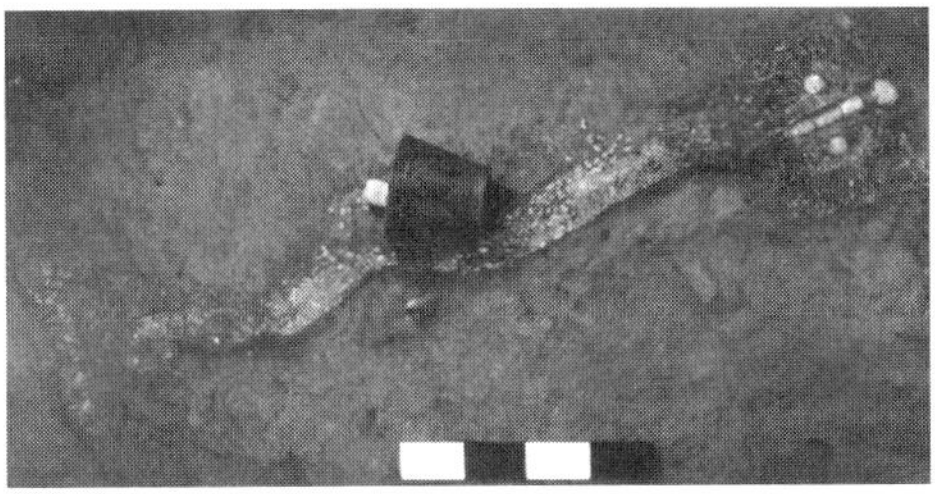

図20　二里頭遺跡発見のトルコ石による龍形器（『考古中華』2010年、132頁）

国時代にならないとでてくることはなく、慎重な議論が求められる。「幻《まぼろし》の夏王朝」等といわれるゆえんである。現在、河南省の偃師《えんし》市にある二里《にり》頭《とう》遺跡を夏王朝の都、そして、二里頭文化をおよそ夏王朝の時代と比定しうるというのが有力な見解である。

図18は筆者が北京において研修している期間に、北京の首都博物館で開催されていた中華考古展である。こちらは中国文明を最新発掘にもとづき通覧できるような構成になっていた。夏王朝の関係で、著名なのは、中華考古展のポスターの背景に使用されているトルコ石でできた盾のようなプレートである。二〇一〇年の段階で三件出土していたとみられるが、何か動物のようなものが描かれている。下に目があり、上のほうに身体が伸びている。西周金文にみられる饕餮紋《とうてつもん》の起源という研究者もいれば、虎や想像上の動物とも考えられている。図19は時代的には少し離れるが、饕餮文の例としてあげている。殷後期から西周初期の

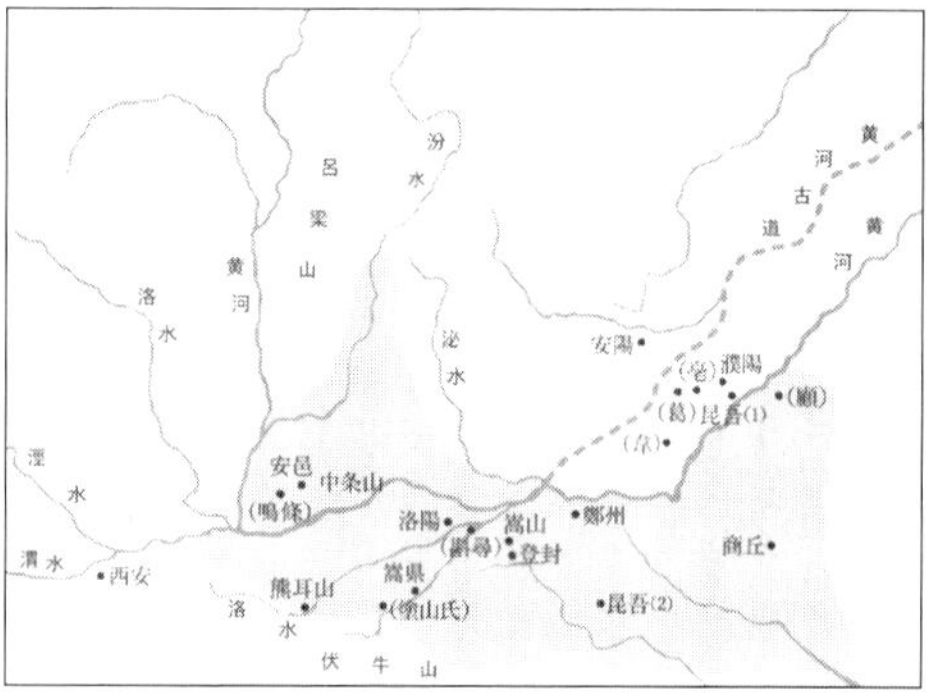

図22　夏王朝の系譜（本頁右下）、夏の境域（稲畑耕一郎監修・監訳『中国の文明１上』潮出版社、235・238頁）

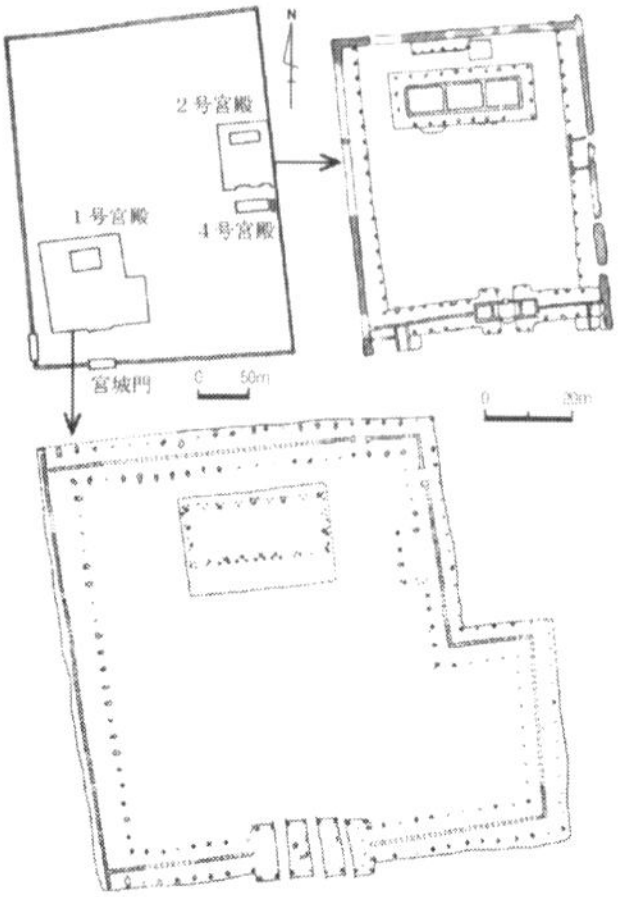

図21　二里頭遺跡と宮城（岡村秀典『中国文明―農業と礼制の考古学』京都大学学術出版会、85頁）

ものといわれる偁缶簋《しょうふき》で、京都の泉屋博古館《せんおくはっこかん》が所蔵する。饕餮とは何でも食べてしまう想像上の動物と考えられており、恐ろしい存在であるが、一方、降雨・豊作・戦争への勝利等を願う図像であったともいわれる（林巳奈夫『中国文明の誕生』二四三頁参照）。

先ほどの盾形のトルコ石のプレートに話を戻すと、そちらの三件が出土したあと、細長いトルコ石が出土し、注目された（図20参照）。こちらは龍であるとし、現在では先のプレートも龍ではないか、と考えられている。

図21は河南省偃師市二里頭《にりとう》遺跡の宮殿基壇を描いたものであり、京都大学の岡村秀典氏の図書から採録したものである。二里頭文化は全四期に区分され、その二里頭三期に、岡村氏はこの一号宮殿・二号宮殿の存在、そしてこの玉戈《ぎょくか》のようなやや大型の玉器の存在から宮廷儀礼の実施を想定し、ここに夏王朝の成立、中国文明の誕生を読みとっている。ただ、岡村氏も、国家＝初期国家の成立は殷西周にみており、その意味では中国の多くの学者に比して慎重といえる。中国の考古学者は、通常、この

夏王朝・二里頭遺跡が国家であるのは、ある意味当然で、それよりさかのぼった龍山《りゅうざん》時代の国家形成を探究している。

図22は夏王朝の系図と境域である。『史記』夏本紀によれば、禹《う》から桀《けつ》までの十四代十七王が続いたと記している。伝説も含まれているようにみられるが、殷本紀の系図が甲骨文字によって裏づけられたことから、夏王朝の系図についても、創作ではなく、何かもとづくものがあったかもしれないと、考えられている。

王震中氏は国家の定義が厳密なところに、定評がある。王氏は、夏王朝から中国は「王国」の段階に進んだと考えており、前代までの一部族にしか及ばない邦国から、従属する諸侯国や他の邦国・部族をつらぬくとされる。つらぬくとは、「官職の設置、刑罰の実施、そして王室のもつこうした専断権」等を他の附属国に及ぼせる国家構造であったとし、王氏の言葉では、「いずれも夏の王邦《おうほう》（つまり王国）と夏部族の範囲にかぎらず、夏人の目睹《もくと》する全「天下」に実行されていたことであり、つまり「家天下（天下を家とす）」であった」（訳書六七一頁）と述べられる。夏后《かこう》氏（下田：夏の一族）と、それに付き従う邦国や部族との関係は、古代中国が夏代から「大国家構造」を形成しはじめたことを明示しており、王氏はこれを「複合型国家構造」と呼んでいる（訳書六七五頁）。複合型国家構造は別のところで、王朝国家とも表現している（訳書六七六頁）。

王震中氏の「邦国―王国―帝国」説
○古代中国でもっとも早い国家は小国寡民式の単一制的邦国で、族共同体のうえにあって「部族国家」ともよばれうる。
○邦国のさらに発展したものは、王国を「天下共主」とする複合制国家構造の王朝国家で、複合制王朝国家の族共同体は民族である。つまり、夏代から形成されはじめる華夏民族のことである。
○夏商周三代の複合制王朝国家以後は、専制主義的中央集権をへて、最終的に郡県制を統治構造とする帝国に向かっていったのである。（王著訳書 89 頁）

図 23　王著のまとめ：「邦国―王国―帝国」説

図23は、王氏の見解のまとめのようなものをしめしている。王氏は中国の国家形成について「邦国―王国―帝国」説を提出している。筆者は基本的に、この図23にみえる「部族国家」という表現に賛成できると考えているが、日本の歴史学の研究においては、この「部族国家」という概念には、かなり抵抗があったとみられる。王氏は民族の成立まで視野に入れるもので、スケー

図24　第二回中国奚仲文化シンポジウム（山東省棗荘市、2009年11月9日下田撮影）

ルも大きい。筆者自身の考えは、もう少し温める必要もあるが、周代の研究を「読む」に際し、後述したい。

以下、王著にたいする疑問を、ここに紹介してきた夏王朝にかかわるところでふれると、官職任命として、王氏は「山東省滕《とう》県に位置する薛《せつ》国の奚《けい》仲《ちゅう》について、『左伝《さでん》』定公《ていこう》元年は、彼がかつて夏王朝の『車正』を担っていたとする。商周の祖先はみな夏王朝で任官したことがある」（訳書六六八頁）というが、このような記事をもって「夏」王朝の時代に官職任命があったとするのは不安になる（筆者は研修中に中国奚仲文化シンポジウムに参加した。図24参照）。同様に刑罰について、「『左伝』昭公《しょうこう》十五年引『夏書』説には『皐陶《こうよう》の刑』とあり、『書（下田補：尚書）』堯典《ぎょうてん》では、皐陶が族邦連盟において刑獄の官職を担っていたとある。『書』呂刑《りょけい》には〈（南方の）苗民《びょうみん》は霊を用いずして、制するに刑をもってす〉とある。これらはいずれも夏代前の顓頊《せんぎょく》堯《ぎょう》舜《しゅん》時代にすでに刑法が生まれていたことをしめし、夏代に刑法がある点は信ずべきものであろう」（訳書六六九頁）と刑法の発生を指摘する。さらに専断権として「『書』甘誓《かんせい》には、夏と有扈《ゆうこ》氏が甘で大いに戦ったとある。夏王は将士達を作戦前に動員したとき、こうのべた。〈命を用うるものは、祖に賞し、命を用いざるものは、社に戮《はずか》しむ。予は則ち汝《なんじ》を孥戮《どりく》せん、と〉夏王のもつこうした強制的権力（＝専断権）は、彼が握る刑法と密接不可分のものである」（訳書六六九頁）と論ずるのであるが、夏代について書かれた文献の信ぴょう性の問題がある。歴史学研究においては、このような問題は「史料批判」として、最初に進められる手続きである。王氏も重々承知のうえであろうと考えられるが、こうした記事をもとに、夏代の事項を復元していくことには、にわかに賛同できない点である。

筆者も地域振興、地域おこしを否定するものではなく、また第三者的に外部から批判をするつもりはない。しかし、第一節に述べたとおり、歴史事実の認定、復元については厳密な手続きを要するものであり、遡及にかける期待とは切り離して学問的な検討が求められるといえる。

6　王震中氏の場合――陶寺遺跡の評価をめぐって

本論の最後に、夏・殷からさらにさかのぼって王震中氏の新石器時代後期の解釈や評価について、再度みておきたい。王氏は『中国古代国家的起源与王権的形成』の訳書のなかで、次のように述べる。

新石器時代末期の龍山時代〔筆者補：前三〇〇〇年～前二〇〇〇年、龍山時代には広義・狭義があるとし、ここでは広義の用法、訳著五二八頁注十一参照〕には、山西省襄汾陶寺《じょうふんとうじ》・河南省登封王城崗《とうふうおうじょうこう》・新密古城寨《しんみつこじょうさい》・山東省章丘城《しょうきゅうじょう》子崖《しがい》・鄒平丁公《ていこう》・寿光辺線王《へんせんおう》・日照両城鎮・堯王城《ぎょうおうじょう》・湖北省天門石家河《せっかが》・浙江省余杭莫角山《よこうばっかくさん》などの都邑遺跡の周辺において、密集程度の異なる聚落群が形成され、各地域の聚落群はみな相対的に二～四級の聚落等級にわけられるが、城邑はただひとつで、これが筆者のいう都邑遺跡である。それは当該地域の中心をなし、それによってこうした局面を形づくった。このような都邑ひとつひとつが周辺の聚落群と再度結合すれば、簡単な邦国や邦国核心区をなす。そのうち実力が大きめの邦国についていえば、核心区の外側にさらに若干の次級中心聚落を囲繞《いじょう》するように分布する聚落群がある。文献のいう「万邦林立」は、つまりこれら多くの城邑の出現を指標とするものである（訳書四四五頁）。

ここに邦国と書かれる対象を、王氏は都邑邦国・都邑国家とも呼び、中国の初期国家とする。中国の先史時代の

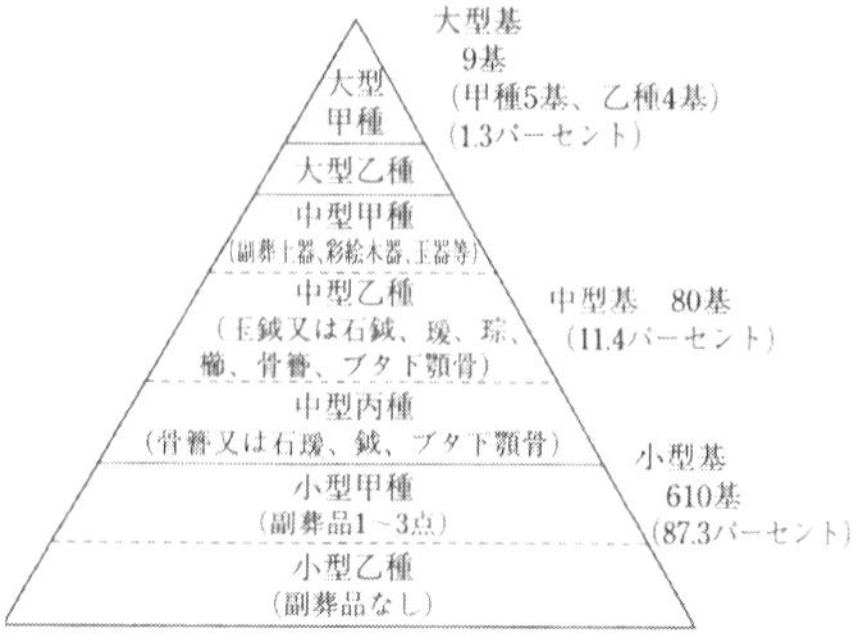

図25　陶寺遺跡における墓葬の階層構造と副葬土器
出典：宮本一夫『中国の歴史1』学術文庫、147頁

遺跡を観察するなかで、王氏は資料条件等も加味し、陶寺遺跡と古城寨遺跡、莫角山遺跡の三つを代表的な都邑邦国の事例として、論じている。とりわけ、陶寺遺跡を主とする陶寺文化は、その規模や発掘状況から、中国考古学の関係者の間では注目されている。以下、訳書の第五章第二節から概況をまとめると、陶寺文化は初期・中期・晩期にわけられる。炭素十四測定にもとづくデータから絶対年代をしめすと、およそ前期は前二四〇〇年〜前二三〇〇年、中期は前二三〇〇年〜前二一〇〇年、後期は前二一〇〇年〜前二〇〇〇年とされる。陶寺遺跡は龍山時代の典型的な都邑遺跡であり、山西省襄汾県の汾河の東岸、塔児山の西麓に位置する。初期の小城は南北長さ約一〇〇〇メートル、東西は広さ約五六〇メートル、面積は約五六ヘクタール、中期の城址の総面積は二八〇ヘクタールである（訳書四四九頁）。

まずこの規模感は重要であり、さきに松丸氏の「邑制国家」の四層構造を紹介したが（本書二八頁）、中期の城址の二八〇ヘクタール等は、大邑（王城）の規模に達している。

王著による陶寺遺跡の紹介にもどると、初期の段階で宮殿建築区があり、上位層の居住区等がみつかっているという。陶寺文化初期の小城の外に五〇〇〇平方メートルの範囲に、等級分化も明瞭な一三〇九基の墓が発掘されている。陶寺文化初期の小城は中期にはすでに廃棄されたらしいが、宮殿区や倉庫区は継続使用されている。宮殿建築以外にも、陶寺遺跡からは彩色を施した土器（本書五四頁 図29参照）や玉器、楽器の一部、紅銅《こうどう》［初期銅器のあり方で、純銅の割合が高いもの］製の鈴、文字らしき朱書のある扁壷《へんこ》等、文明現象があるという（訳書四五二頁）。

王氏は、ここに図25に『中国の歴史1』より転載したような墓葬の階層構造（王氏はピラミッド式の階級構造と呼ぶ）

や天文観測の建築の存在、彩色土器や玉器・楽器等からうかがえる宗教儀礼・祭祀等の状況から、陶寺城邑を階級社会の都城とし、中国の初期国家の水準を体現するものと判断している。

筆者はこのいわゆる夏王朝以前の新石器時代後半の、紀元前二五〇〇年～前二〇〇〇年頃のいくつかの特徴的な遺跡群をどのように評価するか、筆者には論評する力はないのであるが、こうした陶寺文化初中期や良渚文化等の公権力の編成形態を遺跡や遺物の検討からすすめていくことは、自身にとってもつぎの課題であり、日中の中国考古学研究においても、さらなる進展が期待される点である。

王氏にとって龍山時代のいくつかに初期国家が成立しているのであり、それでは、初期国家にいたっていない状態とそれ以後の区別がポイントとなるが、前龍山時代、中国の銅石併用時代（前三五〇〇年～前三〇〇〇年）は「中心聚落形態期」とされる。具体的な考古学文化としては、「中原と関中地域の仰韶《ぎょうしょう》文化後期以外に、甘粛省・青海省では馬家窯《ばかよう》文化、内モンゴル自治区と遼寧省西部では紅山文化後期、山東省と江蘇省北部では大汶口文化後期、長江中流域では大渓《だいけい》文化後期と屈家嶺《くつかれい》文化、長江下流域では薛家崗文化・崧沢文化・良渚文化初期など」ということである（訳書一六六頁、本書五頁参照）。その中心聚落形態期の顕著な特徴は、「第一に、聚落の規模が顕著に拡大している。第二に、聚落内外の不平等が顕著である。第三に、神権が発達し、また祭祀儀礼の中心もしくは原始宗教の聖地と、原始宗邑が出現している」ということである。この段階は、王氏によれば前国家段階である。詳細は王著にゆずるしかないが、考古学的成果とがっぷり四つで国家形成に取り組む王氏の姿には圧倒されるものがある。

三　周代（西周・東周〔春秋戦国〕）時代の見方

ここまで中国文明をめぐる主要な遺跡・遺物の状況や遺跡・遺物に対する代表的な研究者による解釈等を読んで

くるなかで、筆者の見方はおよそかたまってきた。当初、蘇秉琦《そへいき》・王震中《おうしんちゅう》両氏の著作を読む形式で構想をねった本書であるが、読者の皆様に新石器時代後期の龍山《りゅうざん》時代や二里頭《にりとう》文化に相当する夏王朝《かおうちょう》、殷商《いんしょう》時代の様子をあらまし伝える関係で、複数の日本及び欧米の研究等も参考にしてきた。学問とはそういうものであるが、諸説は補い合い、重層的に中国の国家形成を描き出していた。本書が「国家形成をめぐる協奏」と副題を付すゆえんである。私見を述べる前に、最後に日本の歴史学・東洋史学においては、西周《せいしゅう》につづく東周《とうしゅう》時代（春秋戦国《しゅんじゅうせんごく》時代）に社会変動をへて、国家が形成されたという考え方のほうが主流とみられるので、渡辺信一郎氏の近作を通じて、その所説を確認しておきたい。

渡辺氏は龍山文化期から殷代にかけて、貢献制《こうけんせい》という首長や王権に対し従属する地域聚落・族集団が礼器・武器・財貨・穀物・人物等を貢納し、首長や王権が主宰する祭祀や儀礼を支える仕組みがあったとしている。これは地域聚落・族集団にとってはゆるやかな従属を表明するものであるが、首長・王権側は従属側の代表に対し、気前よく再分配することで政治秩序をうちたてた、とされる。殷末から西周時代には貢献制はさらに進化・複雑化して封建制《ほうけんせい》となった。春秋戦国時代に封建制・首長制の統合形態は、郡県制《ぐんけんせい》の政治統合を生み出した。庶民層は、仰韶《ぎょうしょう》文化の頃より小家族五・六世帯が結合する複合世帯が生産と消費の単位であったが、春秋戦国期を通して、小家族が農業を営む小農経営が広範に広がるとされる。並行して農業・手工業の分業や肉体労働・精神労働の分業等もすすむ。戸籍によって小家族を把握し、それらに軍役・徭役《ようえき》・租税を課している。紀元前五世紀末から紀元前四世紀半ばにかけて秦では、中原諸国にやや遅れて変法《へんぽう》政治が実施され、国家の形成を果たした。春秋戦国時代は「英雄時代《えいゆうじだい》」という古代国家形成過程の過渡期をしめす歴史学の概念により捉えられている。つまり変法政治前の春秋戦国時代は前国家段階となる。なお、この「英雄時代」とは、ホメロスの叙事詩に描かれる時代である。ホメロスは『イリアス』『オデュッセイア』の作者とされ、紀元前八世紀頃にまとめられたものとされる。

ギリシアのアテネ・スパルタ等に代表されるポリスはその頃（前八世紀頃）成立したといわれる。この英雄時代の当否について筆者は発言する用意はないが、およそここまでの考古学者の議論とは大きく異なることは知られよう。

筆者が国家形成において注目したい観点は、公権力・公共性であることは折にふれてきた（本書八頁参照）。すでに文明起源、国家形成の過程にかかる著作には、魅力あふれる研究が多数発表されている。ただ、筆者は公権力の観点から次の張光直《ちょうこうちょく》氏の言葉に注目したい。

> 最近、（陝西省）岐山《きざん》県京当公社からかたまって周の文王時代の甲骨文が出土し、そのなかの「一つの卜甲〔卜占を行なった亀甲〕」には、周の文王が文武帝乙《ぶんぶていいつ》（商の紂王《ちゅうおう》の父）のまつりをしたことが記されており、別の卜甲には、商王が陝西《せんせい》へ来たことが記録されている。……このことは、周の文王が商王朝を滅ぼす前には、西周が商王朝に対して従属関係にあったことを物語っている」のである。（『中国青銅時代』五八頁）

『中国青銅時代』の原書は八〇年代に刊行されているものであるから、何も目新しい話ではない。ここでの「従属」の形態とは、まつりをすることをいう。松丸道雄氏も甲骨文や金文を使用して殷周国家の秩序構造を詳論しているが、王室の祖先を対象とする祭祀に、各服属氏族においても自己の祖先として経常的にまつることが論ぜられている。殷代の祭祀はきわめて複雑で、五祀《ごし》・周祭《しゅうさい》等といわれ、整序された祖先祭祀であるとされている。たしかに、殷と西周、春秋戦国時代の周（一般に東周と呼ばれる）の秩序構造は変化しており、一律に論ずることもできない。しかしこの「従属」の形態、擬制的親族関係なのかはさておき、筆者は当時の公権力のあり方・編成形態としてとらえなおしていきたい。

ひとつ気になる点は、殷の服属していない敵対勢力とされる「方《ほう》」、つまり方国《ほうこく》は、邑制《ゆうせい》国家といってよいのだろうか、という点である。鬼方《きほう》や土方《どほう》、人方《じんほう》等の方国の側からみれば、殷商の集団は「商方《しょうほう》」であったのではないか[15]。方国側が文字をもっていなかったので、知りようのない事情であるが、殷周時代には「多数の邑制国家」があった、または「多数の邑制国家」が従属していた等と研究者により指摘があり、史料的にも周に服属する国は八百あった（『漢書』諸侯王表）等といわれる（図26は多数の邑制国家があったという指摘をふまえた思考実験である）。日本の研究者の間では、殷の権力を相対化しよう（平たくいえば、それほど強くなかったといった見方）という動向がうかがえるが、具体的な像を描くことに、かならずしも成功していないように筆者は感じている。

同様にもうひとつ考えたいことは、中国の研究者が使用する「内服《ないふく》」「外服《がいふく》」のような言葉で、内諸侯・外諸侯のようなとらえ方もできるかもしれないが、殷についていえば、日本での主力の見解では「田猟《でんりょう》」は二十キロ範囲にしか及ばないという（図27はこのことにかんする思考実験である）。田猟とは、もとは狩猟のことで、軍事演習をかねながら、祭祀で使用する犠牲を得たものとされる。殷の権力のおよぶ範囲は意外に狭いものであるという

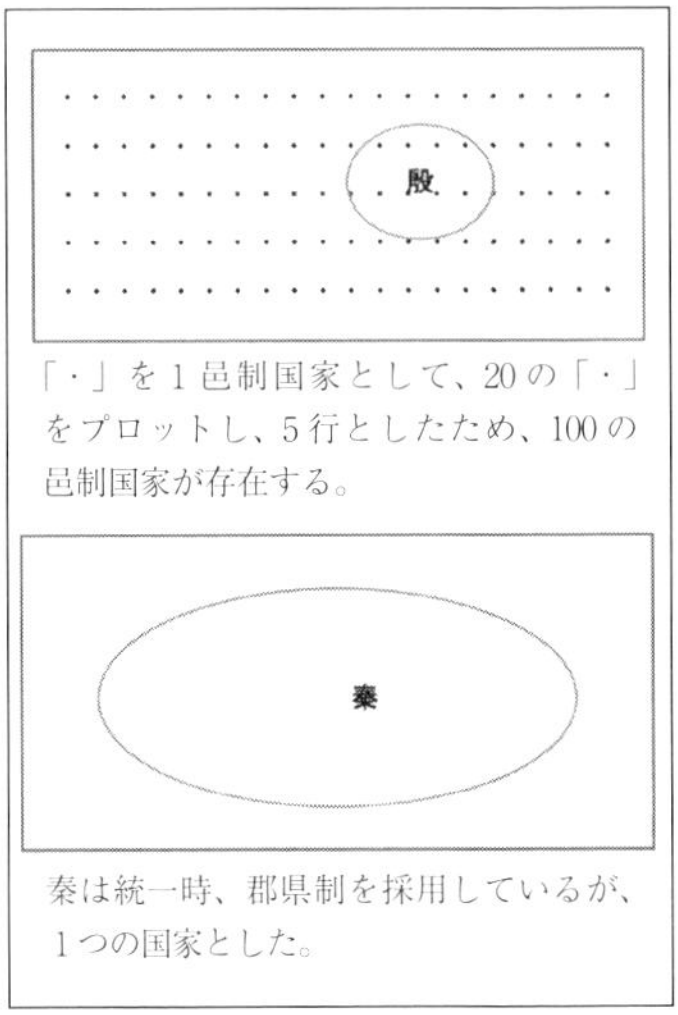

「・」を1邑制国家として、20の「・」をプロットし、5行としたため、100の邑制国家が存在する。

秦は統一時、郡県制を採用しているが、1つの国家とした。

図26　殷と秦にかんする思考実験

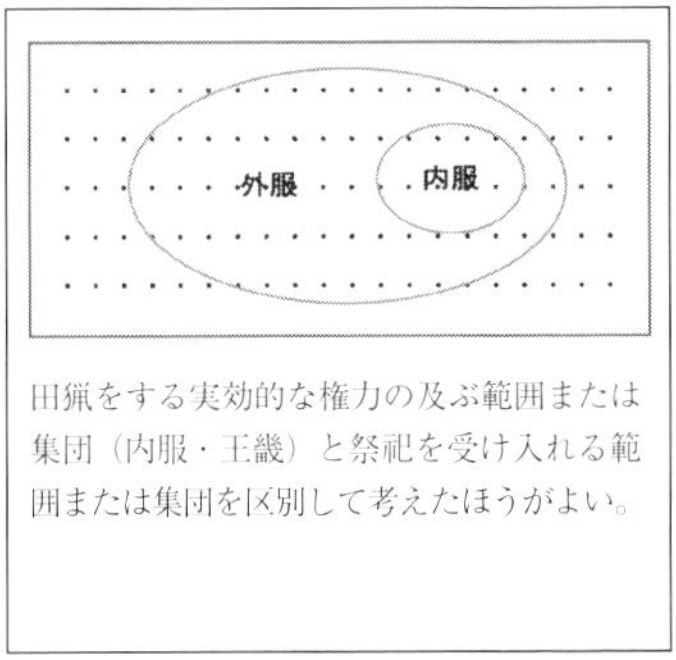

田猟をする実効的な権力の及ぶ範囲または集団（内服・王畿）と祭祀を受け入れる範囲または集団を区別して考えたほうがよい。

図27　殷代の勢力範囲にかんする思考実験

指摘であるが、考古学的な殷文化の広がりは全国・広範囲に及ぶもので、当惑は隠せない[16]。それは「族邑」や諸氏族のまつりを通じた「従属」を理解していないから、ということかもしれないが、同国内の権力の位相や同時代の対抗勢力との関係、前後の時代と比較した時の特色等を総合して、夏殷周（夏商周）三代の代表としての「殷」を論ずる必要があるだろう。甲骨文も考古学も専門としない人間にあれこれいわれるようなものではないが、筆者は個別細分化と議論への参加者の少なさを考慮し、公権力・公共性の視点から、国家形成を軸に述べてきた。

図28　本書での検討をふまえた整理

<table>
<tr><th></th><th>蘇秉琦</th><th>王震中</th><th>岡村秀典</th><th>下田</th></tr>
<tr><td>龍山時代
前2500～前2000</td><td>古国</td><td>邦国
（部族国家）</td><td>酋邦社会</td><td>氏族・
部族制社会</td></tr>
<tr><td>夏殷西周時代
前2000～前770</td><td rowspan="2">方国</td><td rowspan="2">王国
（王朝国家）</td><td rowspan="2">初期国家</td><td>部族国家</td></tr>
<tr><td>東周時代（春秋戦国）
前770～前221</td><td>王国
（戦国中期～）</td></tr>
<tr><td>秦漢時代
前221～220</td><td>帝国</td><td>帝国</td><td>成熟国家
専制国家</td><td>統一国家
帝国</td></tr>
</table>

本書の最後にあえて日本の東洋史でよく使用される「邑制国家」や「都市国家」の語・概念を使用せず、多少手垢《てあか》がついてしまったか（またはかえって新鮮なのか）、「部族《ぶぞく》国家」という言葉・概念によって私見を述べてみたい[17]（図28参照）。殷は日本では、同時代的に、現代の中国の領域をフィールドの最大値としてみたときに、「邑制国家」または「都市国家」の最大のもの、最有力・最強のものとみられる。筆者によれば、これは「部族国家（部族的国家）」である。日本・中国の考古学者の多くは「初期国家」という言葉・概念を使用しているが、これも相対化して議論するために、「部族国家」を使用する。前代の龍山時代は氏族・部族制社会である。ただし、筆者は殷西周を「王国」とは考えていない。「部族国家」の出発点は日本の岡村秀典・宮本一夫両氏等により二里頭《にりとう》期（夏王朝）とする。「王国」とは、戦国国家を王国段階とし、とくに変法《へんぽう》政治のおこなわれた戦国中期を想定している。殷や周には「王」が存在していたが、王がいるから王国ではなく、社会内部の変化、それは生産力や生産体制、戦争形態の変化等を背景とする。社会構造の転換を背景とした戦国国家において「王国」に転換するのであり、夏殷周は部族国家である。

蘇秉琦《そへいき》氏の「古国・方国・帝国」ともだいぶ異なるが蘇氏の「方国」は前述のとおり、夏殷西周であり、その意味では蘇の「方国」を部族国家といっている（本書二五頁参照）。同じく王震中《おうしんちゅう》氏は「邦国《ほうこく》―王国―帝国」説であるが、邦国とは龍山《りゅうざん》時代の国家であり、王国が夏殷周の「複合型」国家を指している。その意味では筆者は日本の学者同様、龍山時代に国家と呼ぶ必要はなく、王氏が「王国」と呼んでいる対象（三代）を「部族国家」と呼んだ方が良いとしている。そのときの部族国家の公権力、公共性を担保した国家権力のあり方が問われるのであり、さきの思考実験にもとづけば、「内服」と呼びうる王畿範囲の田猟による統治、殷周（おそらく夏も）の祖先祭祀に組みこまれた「外服」と呼びうる範囲・族集団、このようなグラデーションの存する公権力のあり方が問われなければならない。そのような公権力の編成形態が、後の春秋戦国時代とは異なるのである。大きな違いは族《ぞく》が族を支配する構造、氏族《しぞく》が氏族を支配する構造が、戦国中期には公権力が個体を支配する仕組みに転換しているということである[18]。戦国中期以降の国家（王国）と比較して「微弱な公権力」と政治学者から指摘される夏殷西周の内実をしめしたいのである。「帝国」に対する理解はおよそ蘇秉琦・王震中両氏と一致しているだろうか。しかし、「帝国」も始皇帝《しこうてい》が「皇帝」で「帝」を使用したから「帝国」なのではなく、異系文化圏をふくむ戦国後期の一部の国について帝国的相貌を呈《てい》するものと筆者は考えている。ただし、つづく秦漢時代について、必要に応じ「秦漢帝国」と呼ぶことは、かまわないのではないか。

筆者が本書で述べたことは、甲骨金文学の研究者からは一笑に付されるような話かもしれない。ただ、筆者のように国家・国家権力の形成に関心をもっている者もいるということである。公権力のあり方、公権力の編成形態に注目して考古遺跡・遺物、甲骨金文の史料をみていくと、違ったみえ方がしてくる。またはみえないものがみえてくるかもしれないし、みえないものもみてみたいと考えるようになる。史料がないことと思考をやめることとは別問題である。粗雑なスケッチではあるが、読者の皆様の意見をうかがえればと考えている。

◆コラム――地域研究としての中国文明

本書のなかで、紅山文化と仰韶文化の出会いが書かれている（三三頁）。通常、こうした話題は、考古学や歴史学等が取り組む課題といえるだろう。筆者自身も、それほど疑うことなく、論文をあさっていた。紅山文化より一段すすんだ陶寺文化の大墓から、龍の紋様の描かれた彩陶盆もまた発見されている。この龍は、本書で取り上げた蘇秉琦氏によれば、紅山文化とのかかわりが指摘されている（訳書一二八頁、図11）。さらに陶寺の出土品からは、山東の大汶口文化や江蘇・浙江の良渚文化との交流・融合がみられる。こうした現象は、現代風に「多様性の尊重」や「多文化共生」ということが適切かはわからないが、少なくとも相互に影響を与えながら共存していた姿はうかがえる。筆者は文化の浸透には、政治的な契機、仕掛けが必要と冊封体制論等を参考に考えていたが、純粋に当時において「ただ良い」という感覚が存在した可能性も否定できない（証明できないことであるが）。技術学の作法に固執し、創造力を失うことは避けたい。ひとりひとりが中国文明から受け取る示唆や着想等を大事にしていこう。

二〇〇〇年に制作されたNHKスペシャル四大文明の中国のなかでは、殷代において黄土地帯（華北地方の一部、黄河の上中流域、太行山脈の西、秦嶺山脈の北）の八〇％以上が森林で（現在は五％といわれる）、アジアゾウやサイ、シカの一種（シフゾウ）等が多くみられると述べている。古代以来の森林伐採や気候変動の影響で、現在は乾燥化が進んでいる。中国文明を学ぶなかで、イネに加え雑穀の多くも中国から日本へ伝来されたものということも気づかされる。ヒエ以外、イネやアワ、キビ等も日本に自生しないとされる。イネの種類にジャポニカとインディカがあることは聞いたことがあっても、そのジャポニカに熱帯ジャポニカと温帯ジャポニカがあり、現在の私たちが食するものは温帯ジャポニカであることはそれほど知られていないだろう。熱帯ジャポニカは日本の近世から近代にかけておよそみられなくなってしまったようである（佐藤洋一郎『稲の日本史』角川ソフィア文庫、二〇一八年、一六七頁等参照）。こうした方面は、日本の歴史学においても、環境史という分野が確立し、視界がひらかれている。農学との連携等、他分野の協働により、新たな成果が生まれている。

しかし、もうひとつここで再認識することは、地域研究としての中国文明、または地域研究への中国文明の貢献である。地域研究は、自然への人間のはたらきかけ、自然の舞台における人間の営み、生業のほか、政治経済、歴史社会文化等を幅広く研究することが可能である。さらに特定の地域に即し、相互理解や差異の包摂、日本を含む他地域との比較、通説や既存の理論の再検討等を進めるものである。地域研究の学際的な特色は、中国文明の研究に新風を吹き込むかもしれない。

図29　彩絵龍紋陶盤（『考古中華』101頁）

おわりに

郭沫若《かくまつじゃく》は『中国古代社会研究』（一九三一年）において、エンゲルスの『家族・私有財産・国家の起源』の続編を書いたという。『中国古代文明与国家形成研究』がエンゲルス没後百周年を記念して執筆されたことはさきに述べたとおりである（本書一〇頁参照）。日本では豊島静英《とよしましずえ》氏らも同じ課題に取り組んだ。今、私たちはエンゲルスの『国家の起源』の続編を書く必要はないように考えるが、人類の歴史・世界の歴史のなかで、中国の国家形成をどのように位置づけるか、どのように描くか、この課題は色あせることはないと筆者は考えている。

国家形成の観点からも、本書では蘇秉琦《そへいき》氏と王震中《おうしんちゅう》氏の研究に注目したが、郭沫若・侯外廬《こうがいろ》から現在をつなぐものとして、ほんとうは田昌五《でんしょうご》等の研究が検討されるべきかもしれない。田昌五は侯外廬の学生であり、王震中氏の指導教員であった。そして筆者の観点から、筆者が修士課程において留学先でご指導いただいた先秦史の詹子《せんし》慶《けい》先生や中国社会科学院の受入れ教員であった宮長為《きゅうちょうい》先生、先秦史研究室の同僚たちの研究が読み直されるべきだろう。筆者は帰国後、一〇年の眠りについていたようにも感じるが、ここから再出発したいと願っている。

残された課題は宗教学からのアプローチに目配りできていないことである。「おまつり」「祭祀」「儀礼」というのであれば、そちらからの検討が必要であるが、本書では見送らざるをえず、「宗教」という言葉はほとんど使用していない。同じく「天下」や「天子」「中華」等を使用した研究も多くみられるが、思想史の知識が必要であり、本書ではほとんど言及していない。ただ、昨今の中国史の研究では「天下」「中華」の語はあふれており、あえてそうした語から離れてみるのもおすすめである。当時の人びとがどのような世界観をもっていたか、当時の史料用語を使って論ずる以前に、自分たちが使用している社会科学タームや近代語の認識にズレが存在する可能性がある。さらに生産、とりわけ農業生産の方面からの分析も不十分である。歴史学は一九七〇～八〇年代までは社会経済史が中心で、生産力や生産関係等が問われてきた。社会構造の転換は、筆者の関心事でもあり、生産諸力の発展は、注視していきたい。しかし、筆者自身は、いずれについても公権力や公共性とのかかわりからとりあげていきたいのである。

最後になるが、本書は中国文明の魅力を伝えることも目的のひとつとしていた。読者の皆様には「魅力」は伝わっただろうか。筆者自身としては、発掘された文物や資料そのものがすでに魅力的であると考えているが、考古学者による器形や紋様、遺跡等にたいする行き届いた解説とは異なる、歴史学の立場からの「中国側の視点」というものも紹介してきたつもりである。中国文明をめぐる議論は、日中・欧米の学者の研究成果が融合して、協奏を呈している。近年は日本人の考古学者・甲骨金文学・先秦史の研究者による中国文明にかんする著作も増えている。しかし、なにか特定のものに視点が集約されている傾向はないだろうか。それは科学的な研究にいそしむ学者の判断や選択にもとづくものといえる。本書では中国文明史における国家の形成に注目してきた。本書のなかでは国家理論をたどる形式はとれなかったが、李学勤編著や王震中氏の研究においてもすでに「公共権力」や「公的権力」の語が使われている。筆者と同じ使用法なのか異なるのかは、今後の課題としたい。本書は公権力や公共性とともに国家形成に注目してきたが、これは筆者の興味関心によるひとつの試みにすぎない。中国文明には多様なアプローチを受け止める度量の広さがあると思う。それぞれの興味関心、専門性から、皆さんも中国文明の探索に参加してみませんか。

注

（1） 考古学では出土した石器・土器・金属器等の人間活動の物質的痕跡を「遺物」と呼び、法律により保護の対象となるものは「文化財」と呼ばれる。「文物」はより一般的に文化の所産として使用される。

（2）本書では「二里頭文化」等「○○文化」が多数あらわれる。これは考古学的文化のことを指す。考古学的文化とは遺跡や遺物の集合であり、考古学者は複数の遺跡で同じような型式の遺物の組みあわせがみられることをもって、考古学的文化の存在と考えている。その意味では物質文化を表示するものであるが、その担い手の集団を想定し、社会関係や価値観等も検討されている。なお、ここにしめした絶対年代は、宮本一夫『中国の歴史1』等を参照にした。

（3）古典中、漢語としての「国家」は、『孟子《もうし》』梁恵王《りょうけいおう》章句下や公孫丑《こうそんちゅう》章句上にみえ、とくに離婁《りろう》章句上に「孟子曰《いわ》く、人恒《つね》の語あり。皆な天下国家と曰う。天下の本は国に在り、国の本は家に在り、家の本は身に在り」とあるものはよく知られている。詳しくは山田統「天下という観念と国家の形成」等をご覧いただきたい。

（4）筆者が国家形成において公権力や公共性に注目するのは、公共機能を遂行しながら国家支配がなされると考えることによる。「階級」というものをどのように論ずるかという問題もあるが、現代においても、私たちは税金を払い、それらを原資に公共インフラや教育・福祉等が提供されている。そうした公益性の高い事業を実施しながら、権力や権威が特定の個人や集団等に生成・付与されている面もあるだろう。権力・権威の発生・集中が意図的か、無意図かはさまざまである。公権力や公共性に注目するのは、純粋な暴力、むき出しの力によって国家支配は持続しないとみているからである。そうした点について、筆者は熊野聡『共同体と国家の歴史理論』等を参考にしている。なぜ、こうした大事なことを本文でなく注記でしめすかといえば、筆者は政治学の方面の動向を十分レビューできておらず、筆者はあくまでこのようなことを心に秘めて書いていることを読者の便を考慮し、付記していることによる。ほんらい「国家権力や公権力、公共性」とはなにかは、別に腰をすえて取り組まれるべき課題である。

（5）本書は「文明の素材」や「材料」、「書かれ方」「論じられ方」等、やや雑ぱくな表現で、論をすすめている。理由のひとつは本書が歴史事実の「考証」を主眼としておらず、実証論文ではないことによる。本書の「読み」は、他者の研究から「事実認識」「史実」を読み、各著者の「歴史認識」を読むことから、「二重の読み」といえるかもしれない。「事実認識」の記載には筆者も原典にあたり、複数の研究を照合し、整合するものを取捨選択している。

（6）「中華民族多元一体論」は著名な社会学者、費孝通《ひこうつう》氏の理念であり、後述する蘇秉琦氏にも大きな影響を与えている（費孝通編著・西澤治彦ほか共訳『中華民族の多元一体構造』等参照）。

（7）宋鎮豪氏は『中国古代文明与国家形成』のなかで西周部分を担当しているが（下編第三篇「〝肇徹周邦〟——周的建国及華夏国家的形成」）、『西周史』の著作のある台湾大学等で教鞭をとった許倬雲氏により「華夏国家」の概念を援用し、周王室の社会構造を「姫姓の周室宗族体系をもって天下を治める華夏国家」と定めている（『中国古代文明与国家形成』新版三七六頁、

黄川田修「華夏系統国家群之誕生――討論所謂〝夏商周〟時代之社会結構」九三頁参照）。
（8）「夏商周三代の考古学から三代間の関係と中国古代国家の形成とを論ず」（原載一九七九年）A著所収、七六～七七頁等参照。
（9）「商代の巫と巫術」（原載一九八七年）B著所収、七六頁参照。
（10）「初期国家概念からみた商代の青銅器」（宮本一夫『東アジア青銅器時代の研究』第Ⅱ部第九章所収）参照。
（11）蘇氏の見解については『中国文明起源新探』にもとづき、訳書を参考にしたが、必要に応じ原文にそくし、訳書の表現を改めている。
（12）蘇著に注記するところによれば、一九八一年の『文物』第五期に「考古学文化の区系類型に関する問題」を発表し、同年『史学史研究』第四期に「建国以来の中国考古学の発展」を発表し、それらは『蘇秉琦考古学論述選集』に収録されている。
（13）松丸道雄「補説7殷か商か」（松丸道雄ほか編『中国史1』）参照。
（14）武者章・西江清高「殷墟」（尾崎雄二郎ほか編集代表『中国文化史大事典』大修館書店、二〇一三年）参照。
（15）王震中氏は『尚書（書経）』のなかで、周人は殷を「大邦殷」（顧命篇）、「殷邦」（無逸篇）と呼び、周人はみずからを「周邦」「小邦周」と呼んでいた（王訳書四四七頁）。一般に知られるように、「邦」とは「国」である。前漢初代の高祖劉邦の「邦」字を忌んで「国」が使用されるようになった。
（16）松丸氏の研究により明らかにされた比較的狭隘な範囲としての田猟区と島邦男氏らにより甲骨文から数えられた広範に広がる地名（それと考古遺物の広がりからみた殷文化圏は重なる）という二説として、飯島武次『中国殷王朝考古学研究』は整理する（四二～四三頁参照。同氏によれば殷文化圏は南北約八〇〇キロ、東西約七五〇キロ）。なお、落合淳思氏は近年殷代の支配体制を詳論しており（『殷代史研究』第九章等）、他日を期したい。
（17）筆者が「部族国家」の語をもちいるのは、滝村隆一氏の一連の著作を参考にするものである（『国家論大綱　第一巻上』本論第二篇第四章等）。ただし、滝村氏の国家理論を日本史に展開した寺沢薫氏の所論にもとづけば、王震中氏のように龍山時代のいくつか（陶寺遺跡や良渚遺跡等）が「部族国家」といいうるかもしれず、あくまで滝村氏の研究を手がかりに、筆者の現段階の判断・認識をまとめたものである。
（18）戦国中後期には戈戟《かげき》という青銅製の武器をたずさえた歩兵が主力となり、戦争は大規模化・総力戦化をしめしている。そうしたなかで歩兵の供給源である庶民層が成立した。歩兵個々は武功におうじた褒章の対象であり、かつての祖先をもとに結びあう社会（出自集団または祖先中心型社会）は、その個を中心に結びあうエゴ型（自己中心型）社会に転換している。戦国中後期の「家族」や人的結合をめぐる研究は見直しを要するだろう。戦国中期には公権力が個体を支配する仕組みに転換したことについては、拙稿「戦国期を中心とする中国古代国家形成論」参照。

参考文献

以下、本書執筆に際し参考にした著作を五十音順に掲載する。ブックレットであることから、日本語の文献を主とし、一般の方も手にとりやすいものをあげた。ただし、専門性がきわめて高いものや辞書類は一部のものをのぞき割愛した。書名のあとの（　）は原著・初版の年をしめす。

〈日本語文献〉
飯尾秀幸
　二〇〇八『中国史のなかの家族』（世界史リブレット）山川出版社
飯島武次
　二〇一五『中国考古学のてびき』同成社
　二〇二一『中国殷王朝考古学研究』同成社
伊藤道治
　二〇〇二『古代殷王朝の謎』講談社学術文庫（原載　角川書店、一九六七年）
稲畑耕一郎監修／劉煒編・尹盛平著／荻野友範・崎川隆訳
　二〇〇七『図説中国文明史２　殷周』創元社
稲畑耕一郎監修／劉煒編／趙春青・秦文生著／後藤健訳
　二〇〇六『図説中国文明史１　先史　文明への胎動』創元社
稲畑耕一郎監修・監訳／袁行霈・厳文明・張伝璽・楼宇烈主編／角道亮介翻訳
　二〇一六『中国の文明１　古代文明の誕生と展開　上』潮出版社
王震中著・柿沼陽平訳
　二〇一八『中国古代国家の起源と王権の形成』汲古書院
太田幸男
　二〇〇六『中国古代史と歴史認識』名著刊行会
大西克也

二〇〇七 「『國』の誕生――出土資料における『或』系字の字義の変遷」郭店楚簡研究会編『楚地出土資料と中国古代文化』
第二版、汲古書院
尾形勇・平勢隆郎
二〇〇九 『世界の歴史 中華文明の誕生』（原載 中央公論社、一九九八年）中公文庫
岡村秀典
二〇〇七 『夏王朝――中国文明の原像』（原載 講談社、二〇〇三年）講談社学術文庫
二〇〇八 『中国文明――農業と礼制の考古学』京都大学学術出版会
小澤正人・谷豊信・西江清高
一九九九 『中国の考古学』同成社
落合淳思
二〇一五 『殷――中国史最古の王朝』中公新書
二〇一二 『殷代史研究』朋友書店
角道亮介
二〇一四 『西周王朝とその青銅器』六一書房
樺山紘一・川北稔・岸本美緒・斎藤修・杉山正明・鶴間和幸・福井憲彦・古田元夫・本村凌二・山内昌之編
一九九八 『岩波講座 世界歴史3中華の形成と東方世界』岩波書店
熊野聡
一九七六 『共同体と国家の歴史理論』青木書店
侯外廬著／太田幸男・岡田功・飯尾秀幸訳
一九九七 『中国古代社会史論』名著刊行会
小嶋茂稔
二〇一二 「中国古代国家形成史研究の成果と課題」『メトロポリタン史学』第八号
小南一郎監修・山本尭編集・デザイン
二〇一九 『金文――中国古代の文字』公益財団法人 泉屋博古館
佐藤信弥
二〇一六 『周――理想化された古代王朝』中公新書

二〇一八　『中国古代史研究の最前線』星海社新書
佐藤洋一郎
二〇一八　『稲の日本史』角川ソフィア文庫
竺沙雅章監修／永田英正責任編集
一九九四　『アジアの歴史と文化①中国史——古代』同朋舎出版
下田誠
二〇〇八　「戦国期を中心とする中国古代国家形成論」『歴史評論』六九九
二〇〇九　「新刊紹介　宇都木章著『出土文物からみた中国古代』」『歴史学研究』八六一
二〇〇九　「書評　岡村秀典著『中国文明　農業と礼制の考古学』」『歴史評論』七一六
二〇一二　「新刊紹介　中国鋼鉄学院《中国古代冶金》編集部著／館充訳『中国の青銅と鉄の歴史』」『中国研究月報』七七二
二〇一三　「書評　江村治樹著『春秋戦国時代青銅貨幣の生成と展開』」『歴史評論』七五九
二〇一四　「書評　土口史記著『先秦時代の領域支配』」『日本秦漢史研究』十四
二〇一六　「岐路に立つ韓と魏——紀元前三二〇年代の戦国史的意義について」『学芸国語国文学』四八
二〇二一　「書評　水野卓著『春秋時代の統治権研究』」『歴史学研究』一〇一四
鄒衡著・北京大学考古学研究室編／宇都木章・蔡和璧・佐藤三千代・橋本由美訳
一九八九　『商周考古学概説』燎原書店
杉本憲司
二〇〇二　『中国の古代都市文明』（佛教大学鷹陵文化叢書六）思文閣出版
鈴木舞
二〇一七　『殷代青銅器の生産体制——青銅器と銘文の製作からみる工房分業』六一書房
蘇秉琦著・張明聲訳
二〇〇四　『新探中国文明の起源』言叢社
滝村隆一
二〇〇三　『国家論大綱　第一巻上』勁草書房
二〇一四　『国家論大綱　第二巻』勁草書房
竹内康浩

二〇一〇『中国王朝の起源を探る』（世界史リブレット）山川出版社
張光直著／小南一郎・間瀬収芳訳
一九八九『中国青銅時代』平凡社
二〇〇〇『中国古代文明の形成【中国青銅時代第二集】』平凡社
遅塚忠躬
二〇一〇『史学概論』東京大学出版会
都出比呂志
一九九八『古代国家の胎動──考古学が解明する日本のあけぼの』日本放送出版協会
二〇〇五「日本古代の国家形成論序説──前方後円墳体制の提唱」（原載　一九九一年）『前方後円墳と社会』塙書房
二〇一一『古代国家はいつ成立したか』岩波新書
鶴間和幸・ＮＨＫスペシャル［四大文明］プロジェクト編
二〇〇〇『ＮＨＫスペシャル四大文明［中国］』ＮＨＫ出版
寺沢薫
二〇〇八『王権誕生　日本の歴史〇二』（原載　講談社、二〇〇〇年）講談社学術文庫
豊島静英
一九九九『中国における国家の起源』汲古書院
新田一郎
二〇〇四『中世に国家はあったか』（日本史リブレット）山川出版社
林巳奈夫
一九九五『中国文明の誕生』吉川弘文館
費孝通編著・西澤治彦ほか共訳
二〇〇八『中華民族の多元一体構造』風響社
平勢隆郎
二〇二〇『中国の歴史2　都市国家から中華へ　殷周春秋戦国』（原載　講談社、二〇〇五年）講談社学術文庫
前川和也・岡村秀典編
二〇〇五『国家形成の比較研究』学生社

松丸道雄
一九七〇「殷周国家の構造」『岩波講座世界歴史4　東アジア世界の形成Ⅰ』岩波書店
二〇一七『甲骨文の話』（あじあブックス）大修館書店
松丸道雄・古賀登・永田英正・尾形勇・佐竹靖彦編
二〇〇一『殷周秦漢時代史の基本問題』（中国史学の基本問題1）汲古書院
松丸道雄・池田温・斯波義信・神田信夫・濱下武志編
二〇〇三『中国史1　先史▼後漢』（世界歴史大系）山川出版社
宮本一夫
二〇二〇『中国の歴史1　神話から歴史へ　神話時代　夏王朝』（原載　講談社、二〇〇五年）講談社学術文庫
二〇二〇『東アジア青銅器時代の研究』雄山閣
山田統
一九八一「天下という観念と国家の形成」（原載　一九四九年）『山田統著作集一』明治書院
渡辺信一郎
一九九九「侯外廬『中国古代社会史論』の日本語版出版によせて――とくに中国文明の起源問題をめぐって」『歴史評論』五八五
二〇一九『中華の成立：唐代まで』（シリーズ中国の歴史）岩波新書
渡辺信一郎・西村成雄編
二〇一七『中国の国家体制をどうみるか――伝統と近代』汲古書院
渡邊英幸
二〇一八「中華意識の形成――先秦史」津田資久・井ノ口哲也編『教養の中国史』ミネルヴァ書房

〈中国語文献〉（中国語の文献もピンイン順ではなく、音読みの五十音順で並べた）
王宇信・徐義華
二〇〇六『商周甲骨文』（二〇世紀中国文物考古発現与研究叢書）文物出版社

王震中
一九九四『中国文明起源的比較研究』陝西人民出版社
二〇一三『中国古代国家的起源与王権的形成』中国社会科学出版社
黄川田修
二〇〇九「華夏系統国家群之誕生――討論所謂〝夏商周〟時代之社会結構」『三代考古』三
許宏
二〇〇〇『先秦城市考古学』北京燕山出版社
佐藤將之
二〇二一『後周魯時代的天下秩序：《荀子》和《呂氏春秋》政治哲學之比較研究』國立臺灣大學出版中心
蘇秉琦
一九八四『蘇秉琦考古学論述選集』文物出版社
一九九四『華人・龍的伝人・中国人――考古尋根記』遼寧大学出版社
一九九九『中国文明起源新探』生活・読書・新知三聯書店
中国社会科学院考古研究所編
二〇一〇『考古中華――中国社会科学院考古研究所成立六十年成果薈萃』科学出版社
張光直
一九九九『中国青銅時代』生活・読書・新知三聯書店
趙容俊
二〇一一『殷商甲骨卜辞所見之巫術』中華書局
李学勤主編／王宇信・王震中・楊升南・羅琨・宋鎮豪著
二〇〇七『中国古代文明与国家形成研究』（原載　雲南人民出版社、一九九七年）中国社会科学出版社　第二版
劉源
二〇〇四『商周祭祖礼研究』商務印書館

あとがき

「松下幸之助国際スカラシップブックレット」にはいつかチャレンジしたいと希望していた。これまでは、就職への苦労や着任先の業務の要請等により、十分な時間を確保することがかなわなかった。2021年度より兼務ながら所属大学の歴史学・中国古代史の博士後期課程の担当として配置され、自分がこれまで考えてきた中国文明・国家形成の見通しを一度形にしておきたいと考えた。日本国内における殷・西周から春秋時代にかけての歴史学による研究の進展もあり、以前より筆者が主対象とする戦国時代の前史の事情が明らかになってきた。

いざスタートしてみると、西周にまでも達しなかったという気持ちはあるが、今回自分の書きたかったことは、およそ表現できたように感じている。スカラシップブックレット委員会の先生方や同期の執筆者には感謝の意を表したい。執筆に際しては、多くの著作に学んだが、とくに参考文献にもあげている『中国の考古学』（同成社）、『中国史１』（山川出版社）、『中国の歴史１』（講談社、新版）等は名著といいうるものではないかと考えている。もし本書のテーマである中国文明や国家形成に興味をもたれたら、こうした図書に進んでいただきたい。ふりかえれば十年以上前に、ある考古学者から「君がロータール・フォン・ファルケンハウゼン著の『周代中国の社会考古学』（吉本道雅解題・訳、京都大学学術出版会、2006年）等をどう読むかが問われているのではないか」といった趣旨のことを指摘された。戦国・秦漢史と殷西周・春秋史との研究上の断絶を指すものであるが、本書でも回答することはできなかった。今後の課題としたい。

研究仲間の佐々木研太氏と山本尭氏には貴重なご意見・ご助言をいただいた。日本語の確認は、髙橋杏里氏に依頼した。ご協力に感謝申し上げる次第である。残された課題や不足の点はすべて筆者の責に帰すものである。

最後に風響社の石井雅社長ならびに古口順子氏には激励、ご支援いただいた。心より御礼申し上げたい。

著者紹介

下田　誠（しもだ　まこと）

1976年、北海道生まれ。

学習院大学大学院人文科学研究科博士後期課程修了。博士（史学）。現在、東京学芸大学先端教育人材育成推進機構准教授。専門は中国古代史・高等教育論。2009年より2011年まで、松下国際スカラシップにより、中国社会科学院歴史研究所先秦史研究室において訪問学者として研修。

著書に『中国古代国家の形成と青銅兵器』（汲古書院）、共著・分担執筆に『地下からの贈り物——新出土資料が語るいにしえの中国』（中国出土資料学会編、東方書店）、『中国百科——中国百科検定公式テキスト』（日本中国友好協会編、めこん）、主要論文に「青銅兵器銘文からみた戦国趙恵文王期の機構的改革をめぐって」『中国出土資料研究』第17号）、「封泥よりみた秦代の中央官制——その資料学的研究」佐藤正光・木村守編『松岡榮志教授還暦記念論集中國學藝聚華』白帝社）等がある。

中国文明を読む　国家形成をめぐる協奏

2022年10月15日　印刷
2022年10月25日　発行

著者　下田　誠

発行者　石井　雅

発行所　株式会社　風響社

東京都北区田端4-14-9（〒114-0014）
TEL 03（3828）9249　振替 00110-0-553554
印刷　モリモト印刷

ISBN978-4-89489-810-3　C0022